C00 566 084X

KU-730-630

 CHANGING

GLAS
GLASS
VERRE

CANCELLED

GLAS | VERRE

GLASS

BARBARA LINZ

h.f.ullmann

Contents | Inhaltsverzeichnis | Sommaire

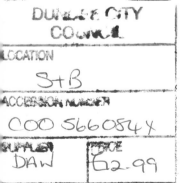

DUNDEE CITY
COUNCIL

LOCATION
S+B

ACCESSION NUMBER
COO 566 0844

SUPPLIER
DAW

PRICE
£62-99

CLASS No.
721.04496

DATE
27/10/09

For decades, the glass curtain façade has been the representative stand-ard for office buildings and skyscrapers that have a more or less uniform appearance in cities all over the world. It therefore seems advisable to turn away from large city building projects and their overabundance of glass-faced architecture to once again get a feeling for the material's possibilities.

In contemporary glass architecture there is a return to the specific char-acteristics of this material. Anyone who wants to emphasize the crystal-line character seeks prismatic shapes, broken surfaces and asymmetries instead of the neutral cubical building.

In addition, new methods enable rounded forms in dimensions unable to be realized in glass until now. Here the result is very tension-filled effects.

Nowadays, building glass is coated with a thin wash of color, or stained, printed, lacquered, laminated and used in conjunction with other mate-rials. The use of colored glass has given the idea of color in architecture impetus, because the most colorful brilliance is achievable with glass.

Modern glass building does not necessarily attempt to produce pure transparency. There are a variety of different forms of transparency and translucency. The new theme is translucence. Daylight is used optimally with matt glass walls, whereby complete glare and view protection are assured. In darkness and when lit from the inside, such buildings appear to be made simply of light.

There are two distinct ways of approaching glass architecture.

On the one hand, the ability to dissolve room divisions through glass is fascinating. A feeling of space is produced; the exchange between inside and inside is possible.

This is a play on an illusion, whereby ultimately the substance of glass is negated. The alternative is to make glass visible again in its material beauty. This can occur through a strong contrast in materials, for exam-ple as between a transparent pane of glass and a solid stone wall, or the decor of colors and shades described above. Through light reflection and mirror effects, a glass surface is itself alive.

Occasionally a designer purposefully avoids the technical advances in glass working and reaches back to solidly poured, thick blocks of mate-rial, because they are 'conspicuous' in color and structure.

Die Glasvorhangfassade ist seit Jahrzehnten repräsentativer Standard bei Bürohäusern und Wolkenkratzern, die in allen Städten der Erde ein mehr oder weniger uniformes Gesicht tragen. Deshalb erscheint es ratsam, sich vom Bauprogramm der Großstädte und deren Überangebot an verglaster Architektur abzuwenden, um wieder ein Gespür für die Möglichkeiten des Materials zu bekommen.

In der zeitgenössischen Glasarchitektur findet eine Rückbesinnung auf die spezifische Materialsprache dieses Werkstoffes statt. Wer dessen kristallinen Charakter betonen will, sucht prismatische Formen, gebrochene Flächen und Asymmetrien statt des neutralen Gebäudekubus.

Darüber hinaus ermöglichen neue Verfahren, gerundete Formen in Glas in bisher nicht gekannten Dimensionen zu realisieren. Hier ergeben sich sehr spannungsreiche Effekte.

Baugläser werden heutzutage satiniert, gefärbt, bedruckt oder lackiert, laminiert und im Verbund mit anderen Materialien verarbeitet. Durch die Verwendung farbiger Gläser hat das Thema Farbe in der Architektur starken Auftrieb erhalten, denn auf Glas kann eine größtmögliche farbliche Brillanz erzielt werden.

Moderner Glasbau strebt nicht unbedingt reine Transparenz an. Man variiert verschiedene Formen von Durchsichtigkeit und Lichtdurchlässigkeit. Das neue Thema heißt Transluzenz. Mit mattierten Glaswänden lässt sich das Tageslicht optimal nutzen, wobei ein vollständiger Blend- und Sichtschutz gewährleistet ist. Bei Dunkelheit von innen leuchtend, scheinen solche Gebäude nur aus Licht zu bestehen.

In der Glasarchitektur gibt es zwei grundsätzlich verschiedene Herangehensweisen.

Einerseits fasziniert die Möglichkeit, Raumbegrenzungen durch die Verwendung von Glas aufzulösen. Ein Gefühl von Weite wird erzeugt; der Austausch zwischen Innen und Außen wird ermöglicht.

Dies ist ein Spiel mit einer Illusion, bei dem letztendlich die Materialität von Glas negiert wird. Die Alternative besteht darin, Glas in seiner stofflichen Schönheit (wieder) sichtbar zu machen. Das kann schon durch einen starken Materialkontrast geschehen, wie beispielsweise dem zwischen einer transparenten Scheibe und einer massiven Steinwand, oder durch die oben beschriebenen farbigen und tonalen Dekors. Durch Lichtreflexionen und Spiegeleffekte ist eine Glasoberfläche von sich aus lebendig.

Mitunter wendet sich ein Gestalter auch bewusst vom technischen Fortschritt in der Glasverarbeitung ab und greift auf grob gegossene, dicke Materialblöcke zurück, weil diese in Farbe und Struktur „unübersehbar" sind.

Pendant des décennies, la façade-rideau en verre a été la norme des immeubles de bureaux et des gratte-ciels, dont l'apparence dans les villes du monde entier est plus ou moins uniforme. Il semblait donc préférable d'oublier les grands projets de construction urbains et leur surabondance d'architecture en verre pour bien comprendre à nouveau les possibilités qu'offre ce matériau.

Dans l'architecture actuelle en verre, il y a un retour aux aspects spécifiques de ce matériau. Pour en souligner le caractère cristallin, on recherche des formes prismatiques, des surfaces inégales et des asymétries, au lieu de la construction cubique neutre.

À cela s'ajoutent de nouvelles méthodes qui permettent des formes arrondies dans des dimensions impensables jusqu'alors avec du verre. Les effets obtenus sont alors très saisissants.

Aujourd'hui, le verre de construction est enduit d'une fine pellicule de couleur, ou encore teinté, imprimé, laqué, feuilleté et utilisé en complément d'autres matériaux. L'emploi de verre teinté a inspiré l'architecture en matière de couleurs, le verre permettant d'obtenir un éclat des plus colorés.

La construction en verre moderne ne doit pas forcément rechercher la transparence pure. Il existe une variété de types de transparence et de translucidité, la dernière marquant la tendance. La lumière naturelle est exploitée de façon optimale grâce à des murs en verre mat, ce qui garantit une protection totale contre l'éblouissement et les regards externes. Dans l'obscurité, éclairés de l'intérieur, ces bâtiments semblent être uniquement faits de lumière.

L'architecture en verre peut être abordée de deux façons distinctes.

Tout d'abord, la capacité du verre à gommer les divisions entre les pièces est fascinante. Il en ressort une sensation d'espace, et un échange entre intérieur et exterieur devient alors possible.

Il s'agit d'un jeu d'illusion, dans laquelle la substance du verre est finalement annulée. L'autre solution consiste à rendre le verre de nouveau visible dans sa beauté matérielle. Pour cela, on peut recourir à un franc contraste avec d'autres matériaux : par exemple, entre un panneau en verre transparent et un mur en pierre robuste, ou avec une composition de couleurs et de tons mentionnée auparavant. Grâce au reflet de la lumière et aux effets de miroir, la surface en verre prend vie.

Parfois, un designer ignore volontairement les progrès techniques en matière de travail du verre et s'en remet aux épais blocs solidement coulés du matériau, car ils sont manifestes en termes de couleur et de structure.

PROJEKTE | PROJETS

PROJECTS

Architektengruppe Eggert & Partner

Medical University Library, Marburg

Two very different challenges of interior design needed to be solved in this project – in both cases the architects chose glass solutions. On the one hand, the library needed to retain its connection to the cafeteria's forecourt, whereby the design had to adjust for different elevations on the lot. This happened in the northern part of the building, designed as a public passageway. The aluminum and steel structure, oriented in two directions to compensate for the slope, was completely glassed in to emphasize its function as a public space and as a communicative connecting element.

The idea of a synthesis of the use of natural daylight and protection from the sun underlies the glass façade of the library itself. The glass slats of the façade were imprinted with an opaque dot matrix in a previously calculated measure. They are also movable and automatically adjust to the optimal angle of incidence depending on time of day and weather.

Medizinische Universitäts-bibliothek Marburg

Für zwei sehr unterschiedliche Aspekte der Raumgestaltung mussten bei diesem Projekt in Marburg Lösungen gefunden werden – in beiden Fällen entschieden die Architekten sich für eine gläserne Lösung. Zum einen sollte die Bibliothek eine Anbindung zum Mensavorplatz erhalten, wobei topografische Höhenunterschiede auszugleichen waren. Daher wurde der nördliche Gebäudeteil als öffentliche Passage konzipiert. Die in zwei Richtungen schräg gestellte Aluminium-Stahl-Konstruktion wurde vollständig verglast, um ihre Funktion als öffentlicher Raum und als kommunikativ verbindendes Element zu betonen. Bei der verglasten Fassade der eigentlichen Bibliothek war die Synthese von Tageslichtnutzung und Sonnenschutz maßgebend. Die Fassadenglaslamellen sind mit einem lichtundurchlässigen Punkteraster bedruckt. Sie sind zudem beweglich und werden automatisch in einen optimalen Lichteinfallswinkel gedreht.

Bibliothèque de l'université de médecine de Marburg

Ce projet demandait de relever deux défis très distincts en matière de design intérieur, les architectes ayant dans les deux cas opté pour des solutions à base de verre. D'une part, la bibliothèque devait restée connectée avec l'avant de la cafétéria, ce qui supposait l'adaptation du design aux différents niveaux du terrain : tel a par exemple été le cas pour la partie nord de l'édifice, conçue comme un passage public. La structure en aluminium et acier, orientée dans deux directions pour compenser l'inclinaison, a été entièrement vitrée pour mettre en valeur sa fonction d'espace public et d'élément de communication. L'idée à la fois d'utiliser la lumière naturelle et de protéger du soleil est sous-jacente à la façade en verre de la propre bibliothèque. Les lamelles de verre de la façade ont été imprimées avec une matrice de points opaque dans une mesure calculée au préalable. Ces lamelles sont également mobiles et adoptent automatiquement l'angle optimal d'incidence en fonction de l'heure du jour et du temps.

Naturally, the design includes safety features to prevent falls and safety glass in overhead areas.

Im Überkopfbereich gehören absturzsichernde Funktionen und Sicherheitsgläser selbstverständlich zum Konzept.

Le design compte évidemment des dispositifs de sécurité pour éviter les chutes et du verre Sécurit dans les zones en hauteur.

The College of Natural Sciences at the University of Marburg is building its own modern campus outside the Middle Age city.

Die Naturwissenschaften bilden an der Universität Marburg einen eigenen modernen Campus außerhalb der mittelalterlichen Stadt.

L'institut de sciences naturelles de l'université de Marburg construit son propre campus moderne à l'extérieur de la ville médiévale.

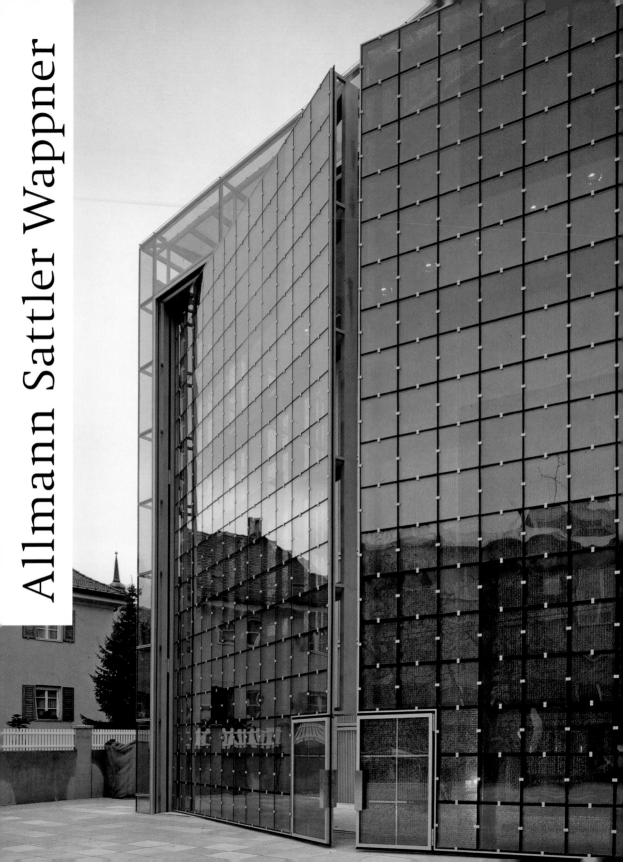

Church of the Sacred Heart

Churches have always been symbolic buildings, and this modern church in Munich should be no different with the spiritual substance conveyed through the architecture. Glass walls are ideal for this intention. The interior space should be light and also cultivate a metaphysical atmosphere through the diversity of the luminary aspects. This impression is created by the use of a wide variety of material treatment techniques and combinations of materials. Artists take on the task of the ornamental adornment of the colorless glass. The front of the building with its glass gates, which can be opened like a giant door, have been tinted blue. This subtly strengthens the optical essence of the material. The glass on the sides of the building has different calendering grades to vary their transparency. In the interior is a second shell of open louvred wood.

Herz-Jesu-Kirche

So wie Kirchenbauten immer Symbolobjekte waren, so sollten auch bei dieser modernen Kirche in München geistige Inhalte durch Architektur vermittelt werden. Glaswände kamen diesem Vorhaben sehr entgegen. Der Innenraum sollte hell sein bzw. durch vielfältige Lichterscheinungen die metaphysische Atmosphäre fördern. Durch verschiedenste Techniken der Materialbehandlung und -kombination erzielte man diesen Eindruck. Künstler übernahmen die ornamentale, nichtfarbige Verzierung der Gläser. Die Front des Gebäudes, die mit ihren beiden Glasportalen als riesiges Tor zu bestimmten Anlässen geöffnet werden kann, wurde blau getönt, was die Materialsprache subtil verstärkt. An den Seiten sind die Gläser unterschiedlich stark satiniert, um ihre Transparenz zu variieren. Im Inneren befindet sich eine zweite Gebäudehülle aus offen gestellten Holzlamellen.

Église Herz-Jesu

Les églises ont toujours été des objets symboliques, il fallait donc que l'architecture de cette église moderne à Munich véhicule aussi des éléments spirituels. Les murs en verre servent très bien cette démarche. À l'intérieur, l'espace devait être très lumineux, et créer une atmosphère métaphysique par l'abondance des effets de lumière. Les architectes sont parvenus à créer cette impression grâce à différentes techniques de traitement et combinaisons de matériaux. Des artistes se sont chargé des motifs incolores appliqués sur le verre. L'avant du bâtiment, dont les deux battants de verre s'ouvrent en une gigantesque porte, est d'une couleur bleue que le matériau renforce avec subtilité. Sur les côtés, les panneaux de verre sont satinés à différents degrés pour obtenir différents effets de transparence. Une deuxième enveloppe faite de lattes de bois espacées se trouve à l'intérieur.

The constructive simplicity of the building's rigidly cubic body allows the other design aspects to appear stronger.

Die konstruktive Schlichtheit des streng kubischen Baukörpers lässt die übrigen Gestaltungsmomente umso stärker wirken.

La simplicité de ce bâtiment strictement cubique donne d'autant plus de force à sa conception esthétique.

Alsop

Colorium Office Building

Alsop's design for a new office building on the riverbank in Düsseldorf takes its place among a row of creations by other world-famous architects for the revitalization of the Rhine city's harbor grounds. The form of the building as an 18-story high-rise was required because of the small lot on the harbor peninsula. The high-rise façade unfurls its brightly colored windowpane mosaic on the side facing the water, where the city of Düsseldorf wanted a new riverbank panorama with the tag line 'Media Harbor'. A purposefully irregular pattern of colored glass rectangles of varying sizes makes the separation of floors and rooms invisible. The colored panels often extend over several stories. There are different types of these colorful elements. The color was imprinted on the outsides of the panes, which allow for the most intense colors. The final accord is a bright red box on the roof of the building with a deep overhang. The physical plant is hidden on this floor.

Colorium Bürogebäude

Alsops Design für ein neues Bürogebäude knüpft an die Entwürfe weltberühmter Architekten zur Neugestaltung des alten Hafengeländes in Düsseldorf an. Die Gebäudeform als 18-stöckiges Hochhaus ergab sich notwendig aus der kleinen Grundstücksparzelle auf der Hafenhalbinsel. Zur Wasserseite hin, wo die Stadt sich ein neues Uferpanorama unter dem Schlagwort Medienhafen wünschte, entfaltet die Hochhausfassade ihr knallbuntes Scheibenmosaik. Ein bewusst unregelmäßiges Muster aus farbigen Glasrechtecken unterschiedlicher Größe macht die Geschoss- und Raumaufteilung unsichtbar. Oft laufen die Farbtafeln über mehrere Etagen hinweg. Es gibt verschiedene Typen dieser bunten Elemente. Ihre Färbung wurde auf die Außenseite der Gläser gedruckt, was eine größtmögliche Farbintensität bewirkt. Den Schlussakkord bildet eine rote, leuchtende, weit vorkragende Box auf dem Dach des Gebäudes. In ihr verbergen sich die Installationseinrichtungen.

Immeuble de bureaux Colorium

Le design d'Alsop pour un nouvel immeuble de bureaux sur la rive de Düsseldorf s'inscrit dans une série de créations d'autres architectes de renommée mondiale visant à relancer les installations portuaires de la ville au bord du Rhin. La forme du bâtiment, qui s'élève sur 18 étages, a été dictée par les dimensions réduites du terrain sur la péninsule du port. Du côté face à l'eau, où la ville de Düsseldorf souhaitait un nouveau panorama pour les berges sous l'intitulé Port des médias, la façade élevée déploie sa mosaïque vitrée aux couleurs vives. Un assemblage volontairement irrégulier de rectangles de verre de couleur et de taille différentes masque les divisions entre les étages et les salles. Les panneaux de couleur s'étendent souvent sur plusieurs étages, et l'ensemble compte des éléments colorés de différents types. La couleur a été imprimée sur la face extérieure des panneaux, ce qui donne une intensité maximum. La touche finale est un cube rouge vif sur le toit du bâtiment avec un important porte-à-faux.

Because the intense colors of some of the glass panes limit the transparency, the colorful panes are more sparsely spaced in the window areas.

Die starke Farbigkeit einiger Gläser schränkt die Transparenz ein, weshalb die bunten Felder in den Fensterzonen lichter verteilt sind.

Les couleurs intenses des panneaux en verre limitent la transparence, d'où un agencement plus espacé aux endroits des fenêtres.

Strong bands of color on the long sides of the building fit well with the building's striking design.

Kräftige Blockstreifen an den Gebäudelängsseiten passen gut zum plakativen Design des Hauses.

Des bandes de couleur vive sur les côtés longs du bâtiment sont en accord parfait avec le design saisissant.

Palestra Office Complex

Alsop conceived of generous multipurpose rooms that could be used as open floor plans or as small office cubicles for the Palestra office complex. Restaurants and shops are in the same building, near the offices. The building, situated with a long side at the front, consists of three boxes of different heights stacked slightly askew atop one another. The top box extends over the side and the entrance façade. The middle, single-story layer of the building is almost invisible from street level because it is set back from the other façades. The result is a terrace at this height. The formation of the glazing as a classic curtain façade is in this case not colorful, but rather modest and elegant. The individual panes of glass on the bottom block of the building are tinted in stripes of understated shades of gray. Alternating horizontal zones have pale yellow rectangles of color applied to the inside surface of the glass.

Palestra Bürokomplex

Das Architekturbüro Alsop konzipierte für das Palestra in Südlondon großzügige Raumstrukturen, die flexibel zur Nutzung in offenen Etagen oder als kleine Büroeinheiten zur Verfügung stehen. Restaurants und Geschäfte befinden sich in direkter Nachbarschaft der Büros. Der in die Breite gelagerte Baukörper besteht aus drei unterschiedlich hohen Schachteln, die leicht verschoben aufeinander gesetzt wurden. Die obere Box kragt seitlich und über der Eingangsfassade vor. Die mittlere, eingeschossige Gebäudeschicht ist vom Straßenniveau aus kaum erkennbar, denn sie ist gegenüber den anderen Fassaden zurückgesetzt. Dadurch entsteht in dieser Höhe eine Terrasse. Die Gestaltung der als klassische Vorhangfassade errichteten Verglasung ist diesmal nicht bunt, sondern sehr dezent und elegant. Am unteren Gebäudeblock wurden die einzelnen Glastafeln außen mit schmalen Streifen in zurückhaltenden Grautönen bedruckt. Im horizontalen Wechsel folgen Zonen mit blassgelber quadratischer Einfärbung, die auf die Glasinnenseite aufgetragen wurde.

Complexe de bureaux Palestra

Pour le complexe de bureaux Palestra, Alsop a créé de grandes salles multifonctions pouvant servir d'espaces ouverts ou être divisées en bureaux cloisonnés. Des restaurants et des boutiques occupent le même bâtiment à proximité des bureaux. La construction, avec un long côté à l'avant, se compose de trois blocs de hauteur différente et empilés les uns sur les autres, légèrement en quinconce. Celui du haut surplombe le côté et la façade de l'entrée. Celui du milieu, d'un seul étage, est presque invisible depuis la rue, en retrait par rapport aux autres façades, ce qui dégage une terrasse à ce niveau. La présence du vitrage en façade rideau standard y est discrète et élégante, plutôt que colorée. Les panneaux individuels en verre sur le bloc inférieur affichent des bandes dans de discrets tons de gris. Sur la surface interne du verre, des parties horizontales parallèles présentent des rectangles jaune pâle.

The yellow is taken up again in the top layer of the building.

Das Gelb wird in der oberen Gebäudezone wieder aufgegriffen.

Le jaune est repris dans le niveau supérieur du bâtiment.

Also on the top layer, horizontal slats at irregular intervals and of different lengths break up the glass wall.

Dort gliedern Horizontallamellen in unregelmäßiger Verteilung und von unterschiedlicher Länge die Glaswand.

En haut toujours, des montants horizontaux à intervalles irréguliers et de longueur différente viennent rompre la continuité du mur en verre.

Paul Andreu

Beijing National Theater

The Beijing Theater Building is staggering and of monumental impact. It is located very near Tiananmen Square, inside a large park. The building stands in a 35,000m^2 pool of water, with access via two glass tunnels below the water surface. No building extensions or recesses disturb the huge elliptically shaped domed building. Two-thirds of the dome are covered in gleaming titanium siding. Glass replaces the titanium on one of the narrow ends. This area takes the form of a grand opening drape with seams swinging wide to the sides. The combination of metal, glass and water allows for impressive reflections. Below the glass drape opening is a flat pool in the interior of the building at the same level as the surrounding lake. Here the building's glass wall seems to dissolve.

Nationaltheater Peking

Das neue Pekinger Theatergebäude ist selbst eine monumentale Inszenierung. Es befindet sich in unmittelbarer Nähe des Tian'anmen-Platzes, innerhalb eines weitläufigen Parks. Der Bau steht in einem 35.000 m^2 großen Wasserbecken, der Zugang erfolgt über zwei gläserne Tunnel unterhalb der Wasseroberfläche. Keine Anbauten oder Baueinschnitte stören somit den als riesiges Ellipsoid geformten Kuppelbau. Dieser ist zu zwei Dritteln in glänzendes Titan gekleidet. An einer der Stirnseiten tritt Glas an Stelle des Titans. Dieser Bereich hat die Form eines sich öffnenden Vorhangs mit weit zur Seite schwingenden Säumen.
Die Kombination von Metall, Glas und Wasser ermöglicht beeindruckende Reflexionen. Unterhalb der gläsernen Vorhangöffnung befindet sich im Gebäudeinneren ein flaches Wasserbecken auf gleichem Niveau wie der umgebende See. Hier löst sich die Glaswand des Gebäudes scheinbar auf.

Théâtre national de Pékin

Pour le théâtre de Pékin, l'objectif était de créer une mise en scène et un impact de taille. Le bâtiment se trouve tout près de la place Tian'anmen, dans un grand parc. Il se dresse sur un plan d'eau de 35 000 m^2, l'accès se faisant par deux tunnels vitrés sous la surface. Aucune avancée et aucun renfoncement ne gênent l'énorme bâtiment à dôme de forme elliptique. Deux tiers du dôme sont recouverts d'un parement brillant de titane. À l'une des extrémités étroites, le verre remplace le titane. Cette zone prend la forme d'une grande tenture qui semble s'ouvrir sur les côtés.
Le mariage du métal, du verre et de l'eau donne d'impressionnants reflets. Sous la tenture vitrée, à l'intérieur du bâtiment, se trouve une piscine plate au même niveau que le lac qui l'entoure. À cet endroit, le mur de verre semble se fondre.

The glass tunnels reveal a light underwater world.

Der gläserne Tunnel eröffnet eine lichte Unterwasserwelt.

Les tunnels en verre révèlent un monde subaquatique.

The Chinese capital city's new theater building has five different stages.

Das neue Theatergebäude der chinesischen Hauptstadt hat fünf verschiedene Bühnen.

Le nouveau théâtre de la capitale chinoise s'élève sur cinq étages.

On one of the two short sides of the dome, a broad glass crest is open to daylight.

An einer der beiden Stirnseiten öffnet ein breiter Glasscheitel die Kuppel dem Tageslicht.

Sur l'un des deux côtés courts du dôme, un ample sommet en verre s'ouvre à la lumière du jour.

Wiel Arets

Lensvelt's Headquarters, Breda

The press called Wiel Arets' new building for the Dutch designer-furniture producer an 'ethereal furniture box'. The production rooms, offices and showrooms here are truly architecturally charmed.
The building achieves its apparent weightlessness primarily because it is raised from ground level and appears to float. All parts of the facility, including the production rooms, were glazed in one pass. Shadowy scenes can be seen in the interior through the milky-green, eight-meter-tall glass panels. The permeability to light is continued: Glass walls separate the individual rooms and glass bridges connect different wings of the building over an interior courtyard. The obscuring of floors and room sizes continues within. A row of offices attaches itself to a showroom with an extremely high ceiling as a gallery. The magic continues in the details: Small lights shine in the floor; misters cloud the parking lot.

Lensvelt Firmenhauptsitz Breda

„Ätherische Möbelbox" nannte die Presse Wiel Arets' Neubau für die Firmenzentrale des niederländischen Designmöbelherstellers in Breda. Und tatsächlich wurden hier Werkshallen, Büros und Ausstellungsräume architektonisch verzaubert. Seine scheinbare Schwerelosigkeit erhält das Gebäude dadurch, dass es vom Erdboden abgehoben wurde und zu schweben scheint. Alle Teile der Anlage, einschließlich der Werkshallen, wurden in einem Zuge verglast. Durch die milchiggrünen, 8 m hohen Glaspaneele kann man auf schemenhafte Vorgänge im Inneren blicken. Dort wurde die Transparenz fortgesetzt: Die einzelnen Räume sind durch Glaswände abgeteilt, Glasbrücken verbinden über einen Innenhof hinweg verschiedene Gebäudetrakte. Das Verunklären von Ebenen und Raumgrößen findet auch innen statt. An einen Ausstellungsraum mit extremer Deckenhöhe schließt sich eine Reihe Büros als Galerie an. In den Details setzt sich die Magie fort: Kleine Leuchten glühen im Fußboden; der Parkplatz wird mit Nebeldüsen umwölkt.

Siège social Lensvelt à Breda

La presse a qualifié le nouveau bâtiment de Wiel Arets pour les bureaux du fabricant de meubles néerlandais de « boîte à meubles éthérée ». Les salles de production, les bureaux et les salles d'exposition possèdent un véritable attrait architectural.
Le bâtiment doit surtout sa légèreté apparente au fait qu'il se dresse au-dessus du sol et semble flotter. Toutes les parties de la construction, y compris les salles de production, ont été vitrées d'un seul bloc. On peut voir de façon indistincte l'intérieur à travers les panneaux en verre de 8 mètres de haut et d'un vert laiteux. La perméabilité à la lumière est globale : des murs en verre séparent les salles, des passerelles en verre connectent différentes ailes du bâtiment au-dessus d'une cour intérieure. Le matage des sols et la taille des salles évoluent à l'intérieur. Une ligne de bureaux rejoint une salle d'exposition avec un plafond extrêmement haut, comme dans une galerie. La magie se poursuit dans les détails : de petites lumières brillent au sol et des pulvérisateurs voilent le parking.

A few years before this building project, the architect designed a line of furniture for Lensvelt.

Einige Jahre vor diesem Bauprojekt hat der Architekt für Lensvelt eine Möbelserie entworfen.

Quelques années avant ce projet, l'architecte a dessiné une ligne de meubles pour Lensvelt.

Plantation Place Office Complex

The client for this enormous new building complex in the middle of London was the state. Over 50,000 m² of usable office space arose in an area near the antique Roman colony Londinium. Gold Roman coins were found on the lot during work on the foundations. With this background, the high-tech new building shows an impressive leap in time. The Arup Engineering Group was able to capitalize broadly on its specialty in the area of modern glass building techniques with this project. Classic glass-curtain façades of insulating double-pane glass combined with tongue and groove glass walls, a huge atrium completely glass-enclosed designed with laminated glass slats – whose decorative structure consists of broken glass ware, glass bridges and stairs, special glass design for the entry area and glass art – shape the shimmering office palace.

Because the new building should appear integrated with the surrounding older architecture, the lower floors were covered with a latticework of matt limestone.

Plantation Place Bürokomplex

Auftrageber dieses beeindruckenden Gebäudekomplexes mitten in London war die öffentliche Hand. Auf dem Areal der antiken römischen Kolonie Londinium entstand Büroraum mit einer Nutzfläche von über 50.000 m². Vor diesem historischen Hintergrund visualisiert der hochtechnisierte Neubau einen beeindruckenden Zeitsprung. Der Arup-Engineering-Konzern konnte seine Spezialisierung im Bereich aktueller Glasbautechniken hier umfassend zur Anwendung bringen. Klassische Glasvorhangfassaden mit Isolierdoppelverglasung in Kombination mit Nut-und-Feder-Glaswänden, ein riesiges komplett verglastes Atrium mit einem Design aus laminierten Glaslamellen, deren dekorative Struktur aus Glasbruch besteht, Glasstege und -treppen, spezielles Glasdesign der Eingangsbereiche sowie Glaskunst prägen den schimmernden Büropalast. Weil der Neubau sich in die umgebende, ältere Architektur integrieren sollte, wurden die unteren Etagen mit einem Gitterwerk aus mattem Kalkstein verblendet.

Bureaux Plantation Place

L'État était le client pour ce nouveau complexe gigantesque de bureaux en plein cœur de Londres. Plus de 50 000 m² d'espace utile de bureaux ont été dressés dans une zone près de l'ancienne colonie romaine Londinium. Avec de tels antécédents, le nouveau bâtiment high-tech illustre un incroyable saut dans le temps. Dans ce projet, le groupe en ingénierie Arup a su largement capitaliser sa spécialité en techniques de construction en verre. Des façades rideaux classiques à double vitrage isolant se marient à des murs en verre à rainure et languette, un énorme hall fermé complètement vitré fait de lamelles de verre, dont la structure décorative est faite de verre pilé, des passerelles et des escaliers en verre, un design exclusif en verre pour l'entrée et une forme artistique en verre, le tout donnant forme au chatoyant complexe de bureaux. Comme le nouveau bâtiment doit sembler se fondre dans l'architecture environnante plus ancienne, les niveaux inférieurs ont été recouverts d'un treillis en calcaire mat.

The patterns of the glass and stone areas of the building are related, though a stronger contrast in materials is almost unimaginable.

Das Raster der gläsernen und der steinernen Gebäudezonen ist verwandt. Ein stärkerer Materialkontrast ist jedoch kaum denkbar.

Les formes des parties en verre et en pierre du bâtiment ont un rapport, même si un contraste plus marqué dans les matériaux est quasiment inconcevable.

The window openings are behind the glass-curtain façade and an accessible space.

Zwischen der vorgehängten Glasfassade und den Fensteröffnungen befindet sich ein begehbarer Zwischenraum.

Les ouvertures des fenêtres se trouvent derrière la façade rideau vitrée et un espace accessible.

A feature of the interior design is glass slats with a look reminiscent of the fine broken-glass appearance of single-pane safety glass.

Lamellenscheiben mit einer Optik, die an den feinen Glasbruch von Einscheiben-Sicherheitsglas erinnern, sind eine Besonderheit der Innenraumgestaltung.

Comme éléments du design intérieur, des lamelles de verre offrent un aspect évoquant l'apparence de verre brisé du verre Sécurit trempé.

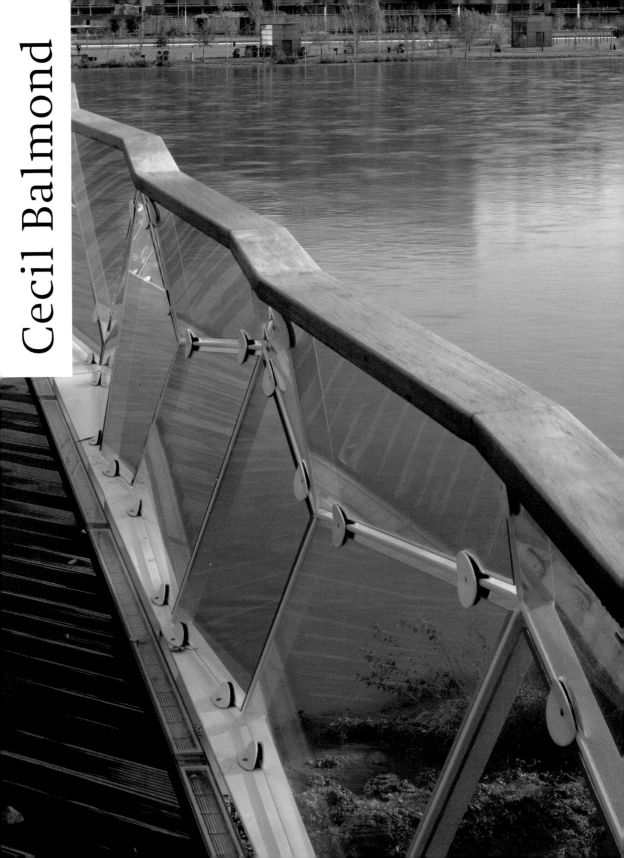

Cecil Balmond

Pedro and Inês Pedestrian Bridge, Coimbra

Though Balmond is often named as the most prolific mind at Arup Engineering in the same breath as the famous architect he accompanies, this is the first time he appears as architect himself. António Adão de Foncesca took on the engineering work.

The playful and pictorial construction includes an allusion to a local fairy tale about the unlucky love of two royal children. Appropriately, the bridge begins at two misaligned points on the opposite riverbanks, reaches toward the middle of the river and appears unable to meet there. But both ramps do meet at a wide landing at the highest point of the bridge where visitors are invited to stay and enjoy the view. Even before, the comfortable width of the wooden bridge way and its meandering balustrades of bonbon-colored glass provide a reason to stroll. Fascinated, pedestrians follow the patterns the light makes as it falls through the glass kaleidoscope of the railings.

Pedro-und-Inês-Fußgänger-brücke Coimbra

Cecil Balmond, profiliertester Kopf bei Arup Engineering, tritt hier zum ersten Mal selbst als Architekt hervor. Den Ingenieur-part übernahm António Adão de Foncesca. Die spielerische, sehr bildhafte Konstruktion enthält eine Anspielung auf ein lokales Märchen von der unglücklichen Liebe zweier Königskinder. Entsprechend setzt die Fußgänger-brücke an zwei versetzt zueinander liegenden Punkten der beiden Ufer an, strebt zur Flussmitte und scheint sich unmöglich schließen zu können. Doch beide Rampen treffen sich auf einer platzartigen Erweiterung, am höchsten Punkt der Brücke. Spätestens hier ist man eingeladen, zu verweilen und die Aussicht zu genießen. Zu-vor geben die komfortable Breite des hölzernen Weges und seine mäandernden Brüstungen aus bonbonfarbenem Glas ebenfalls Anlass zum Schlendern. Faszi-niert folgt man den Mustern, die das Licht durch das Glaskaleidos-kop der Geländer wirft.

Pont piétonnier Pedro et Inês à Coimbra

Même si Balmond est souvent considéré comme le cerveau le plus prolifique du groupe Arup dans la même lignée que le célè-bre architecte qu'il accompagne, c'est la première fois qu'il appa-raît lui-même en tant qu'architec-te. António Adão de Foncesca s'est chargé du travail d'ingénierie.

La construction amusante et très picturale fait allusion à un conte local sur l'amour malchanceux de deux enfants princiers. La passerelle commence justement à deux points non alignés sur chaque berge, atteint le milieu de la rivière et semble incapable de s'unir à cet endroit. Les deux rampes se rejoignent cependant en une large plate-forme au point le plus élevé du pont, auquel l'idée est de rester et de profiter de la vue. Même avant, la largeur agréa-ble du pont en bois et ses garde-fous sinueux en verre de couleur acidulée, incitent à la promenade. Avec fascination, le piéton suit les formes dessinées par la lumière à travers le kaléidoscope en verre des garde-fous.

The combination of ice cream-colored glass with wood has a summer-like character.

Die Kombination aus pastellfarbenem Glas mit Holz hat einen sommerlichen Charakter.

La combinaison de verre de couleur acidulée et de bois donne une allure estivale.

From the distance the elegant, bright white of the bridge construction can be seen.

Aus der Ferne nimmt man das elegante, strahlende Weiß der Brückenkonstruktion wahr.

Depuis la distance s'apprécie le blanc étincelant et élégant de la construction du pont.

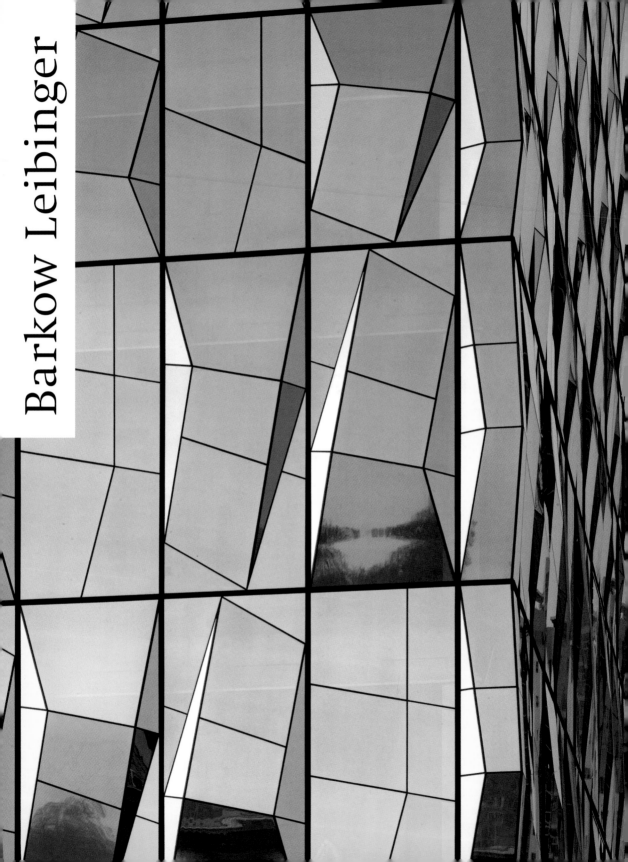

Barkow Leibinger

TRUTEC Office Building

In Seoul, the new Digital Media City is growing like a city from a drawing board. The office building of TRUTEC, a consortium of medium-sized European businesses, arose as the first project in an otherwise empty area. Barkow Leibinger Architects had almost no idea about what types of architectural styles would follow. Nevertheless, they did not want this first building to boycott any future ideas, but rather to welcome architectural development in this part of town. As a result, the medium-sized high-rise received a camouflaged cover and was fitted with a gleaming façade in which everything new would be reflected. This is not achieved with traditional clear glass, but rather primarily with tinted, one-way mirrored glass. Each side of the building shows an individual pattern of the flat and three-dimensional, as well as highly reflective and less-reflective glass materials. As a result, the surface seems to be in motion.

TRUTEC Bürogebäude

In Seoul wächst die neue Digital Media City als Stadt vom Reiß-brett. Als erstes Projekt auf einem zunächst leeren Areal entstand hier die TRUTEC-Repräsentanz europäischer, mittelständischer Unternehmen. Barkow Leibinger Architekten hatten kaum An-haltspunkte über architektoni-sche Tendenzen nachfolgender Bauvorhaben. Dennoch wollte man mit diesem Erstling keine künftigen Ideen boykottieren, sondern die baulichen Entwick-lungen des Stadtteils willkommen heißen. In der Konsequenz hat man dem mittelgroßen Hochhaus einen Tarnmantel übergeworfen und ihn komplett mit einer glän-zenden Fassade ausgestattet, in der sich alles Neue spiegeln wird. Es handelt sich dabei nicht um herkömmliches Weißglas, son-dern hauptsächlich um getöntes, einseitig transparentes Spiegel-glas. Jede Gebäudeseite zeigt ein individuelles Muster von flachen und plastischen sowie von hoch-reflektiven und weniger stark spiegelnden Glasmaterialien. Die Oberfläche scheint dadurch in Bewegung zu geraten.

Immeuble de bureaux de TRUTEC

À Séoul, le projet Digital Media City connaît la croissance d'une ville à partir d'une planche à dessin. L'immeuble de bureaux de TRUTEC, consortium d'en-treprises européennes de taille moyenne, a constitué le premier projet dans cette zone jusqu'alors désertique. Barkow Leibinger Architects n'avaient quasiment aucune idée des styles architec-turaux qu'ils allaient suivre. Ils ne voulaient toutefois pas que le premier bâtiment boycotte des idées futures, mais qu'il donne au contraire la bienvenue au développement architectural de cette partie de la ville. C'est pour-quoi l'immeuble tour de taille moyenne a été recouvert d'un camouflage et assorti d'une façade brillante dans laquelle toutes les nouveautés allaient se refléter. Le matériau employé n'est pas du ver-re transparent traditionnel, mais une glace teintée et sans tain. Chaque côté du bâtiment affiche un style particulier à la fois plat et en trois dimensions, ainsi que des matériaux en verre très et peu réfléchissant. Résultat : la surface semble être en mouvement.

The pattern of the relief-like protruding areas consists of alternating rectangular and polygonal
panes.

Das Muster der reliefartig vortre-
tenden Flächen lebt vom Wechsel
rechteckiger und polygonaler
Scheibenelemente.

Le modèle des zones saillantes
simulant un relief se compose
d'une série de panneaux rectangulaires et polygonaux.

The irregular façade strengthens
the illusion of reflecting cubical
buildings and the resulting optical distortions and plunging lines.

Dadurch wird die Illusion sich
spiegelnder Gebäudekuben und
der dabei entstehenden optischen
Verzerrungen und stürzenden
Linien verstärkt.

La façade irrégulière renforce l'illusion du reflet de bâtiments cubiques, ainsi que les déformations
optiques et les lignes plongeantes
obtenues.

Whatever type of architecture settles here in the future, the existing façade design ensures TRUTEC a highly representative, dazzling beginning.

Welche Art von Architektur auch immer sich künftig hier ansiedeln wird – die Fassadengestaltung sichert dem TRUTEC Building einen repräsentativen, glänzenden Auftritt.

Quel que soit le type d'architecture qui s'installera ici à l'avenir, le design de cette façade garantit à TRUTEC une entrée en matière aussi emblématique qu'éblouissante.

Behnisch & Partner

Academy of Art, Berlin

With their use of glass and open remodeling of these partly-retained and partly-redesigned exhibition halls, Günther Behnisch & Partner created a tribute to the location and a variety of references to the Academy's changing history. Toward Paris Place, the old address of the Academy, the proportions of the building's front match the old building and the adjacent building from the turn of the century with a simple glass façade. An open hall that spans several floors and whose stairways, ramps and galleries are used for the most varied events connects the new addition with the old halls. This area is dynamic and flooded with light. As at a large archaeological excavation, from here there is an overview of the whole ensemble, with its old and new parts. The building received one detail of unexpected airiness by way of the colored glass roof that extends in part over a roof garden.

Akademie der Künste Berlin

Günther Behnisch & Partner schufen in Berlin mit ihrer gläsernen, offen gehaltenen Umbauung dieser teils noch erhaltenen und teils wiedererrichteten Ausstellungsräume eine Hommage an den Ort und eine Vielzahl von Bezügen auf die wechselvolle Geschichte der Akademie. Zum Pariser Platz, der alten Akademieadresse hin, nimmt die Gebäudefront die Proportionen des Altbaus sowie der angrenzenden Bauten der Jahrhundertwende auf, aber als schlichte Glasfassade. Zwischen dem Kopfbau und den alten Sälen vermittelt eine geschossübergreifend offene Halle, deren Treppen, Rampen und Galerien für verschiedenste Veranstaltungen genutzt werden. Dieser Bereich ist dynamisch und lichtdurchflutet. Wie in einer großen Ausgrabungsstätte ergibt sich von hier ein Überblick über das gesamte Ensemble mit seinen alten und neuen Teilen. Ein Element unvermuteter Leichtigkeit erhielt das Gebäude mit einem farbigen Glasdach, das zum Teil über einen Dachgarten vorkragt.

Académie des arts de Berlin

Avec leur remaniement ouvert en verre, en conservant une partie de l'existant et en modifiant une autre des salles d'exposition, Günther Behnisch & Partner ont rendu hommage à l'endroit et à une série de références à la riche histoire de l'académie. Du côté de la place de Paris, ancienne adresse de l'académie, les proportions de l'avant du bâtiment font concorder la construction antérieure et celle adjacente du début du XXᵉ, avec une simple façade en verre. Un hall ouvert, qui se dresse sur plusieurs étages et dont les escaliers, les rampes et les galeries sont utilisés pour des événements en tous genres, connecte la nouvelle annexe et les anciennes salles. Cette zone est dynamique et baignée de lumière. Comme lors de grandes fouilles archéologiques, de ce point s'apprécie l'ensemble avec des éléments anciens et d'autres nouveaux. Le bâtiment a été doté d'une touche de légèreté inattendue avec un toit vitré de couleur dont une partie surplombe un jardin suspendu.

Above the terrace, the glass roof is imprinted with the crown of an autumn tree. This should call to mind the fact that for a long time large trees stood on this site.

Das Glasdach über der Terrasse ist mit dem Bild einer herbstlichen Baumkrone bedruckt. Dies soll an die einst auf dem Akademiegrundstück gepflanzten Bäume erinnern.

Au-dessus de la terrasse, le toit vitré est imprimé de la cime d'un arbre automnal. Ce détail sert à rappeler que pendant longtemps, de grands arbres ont poussé sur le terrain occupé par l'académie.

Diagonal lines dominate the foyer.

Im Foyer dominieren Diagonalen
den Raum.

Les lignes diagonales s'imposent
dans le hall.

The generous use of glass and mirrors fit with the deconstructivist,
room-dissolving style elements.

Zu der dekonstruktivistischen,
raumauflösenden Formensprache
passt die großzügige Verwendung
von Glas und Spiegeln.

L'emploi généreux de verre et
de miroirs est en accord avec les
éléments déconstructivistes, se
fondant dans les pièces.

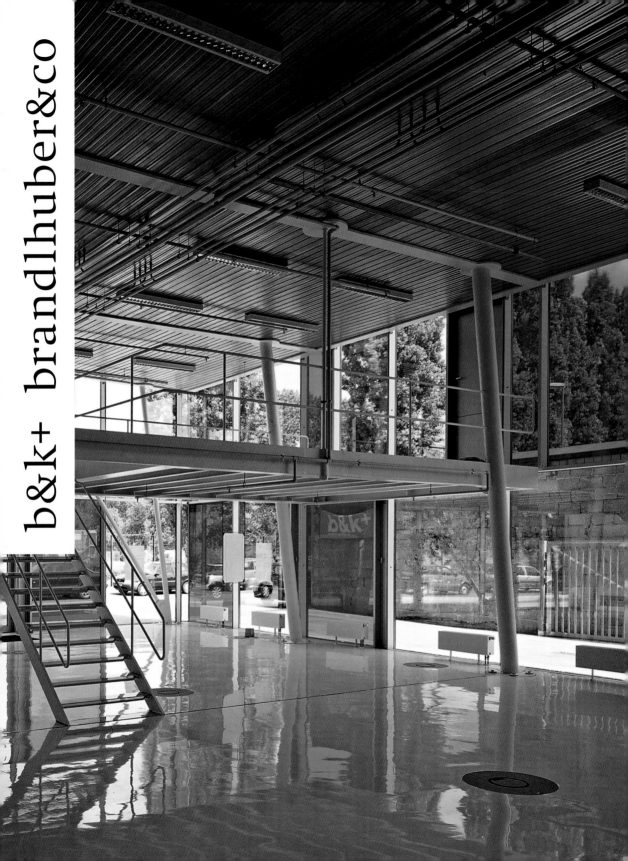

Glassmaker Dönges' Corporate Building

The architects designed a production and administration building for a large glassmaker and also established their own office there. A glass house for the glass trade seemed indispensable. However, the apparently simple architectural raster soon reveals a variety of details. The rectangular pattern of the glass walls is broken up by the irregular series of window and door openings. The west façade leans at a slight angle. For a "view of green," some of the panes were brightly colored in shades of green – chosen partly by a random generator, partly in consideration of a certain transparency to the surroundings, and partly from a need for protection from the sun. The struts moved toward the outside near the glass walls and the hanging upper stories allow for unimpeded views and spaces. The interior design, with its shiny floor covering of epoxy resin, mosaic tiles and glass partition walls, is consistent with the language of the materials.

Firmengebäude Glaserei Dönges

Für eine Großglaserei haben die Architekten ein Fabrikations- und Verwaltungsgebäude entworfen und sich dort auch ein eigenes Büro eingerichtet.
Ein gläsernes Haus für das gläserne Handwerk schien unabdingbar. Das scheinbar schlichte architektonische Raster zeigt doch bald eine Vielfalt im Detail. Das quadratische Muster der Glaswände wird in unregelmäßiger Folge durch Fenster- und Türöffnungen unterteilt. Die Westfassade neigt sich in eine leichte Schräge. Für einen „Blick ins Grüne" wurden einige der Gläser hell leuchtend gefärbt – teils anhand eines Zufallsgenerators, teils im Hinblick auf eine selektive Transparenz zur Umgebung, teils gemäß der Anforderungen zum Sonnenschutz. Die nach außen in die Nähe der Glaswände gerückten Verstrebungen und die hängenden Geschosseinteilungen sorgen zudem für unverstellte Blicke und Räume. Die Innenraumgestaltung mit ihrer glänzenden Bodenbeschichtung aus Epoxidharz, ihren Mosaikfliesen und Glastrennwänden bleibt konsequent in der Materialsprache.

Verrier Dönges

Les architectes ont conçu un immeuble de production et administratif pour un important verrier ; ils y ont également installé leur propre bureau. Un bâtiment en verre pour une entreprise dans le secteur du verre semblait évident. Pourtant, la trame architecturale en apparence simple révèle une foule de détails. La forme rectangulaire des murs en verre est rompue par la série irrégulière de fenêtres et de portes. La façade à l'ouest se trouve dans un angle faible. Pour laisser « voir du vert », des couleurs vives dans des tons verts ont été appliquées à certains panneaux : le choix de ces couleurs a été fait d'une part à l'aide d'un générateur aléatoire, d'autre part en prenant en compte une certaine transparence envers l'environnement. Les traverses ont été déplacées vers l'extérieur près des murs en verre et les étages supérieurs suspendus offrent des vues et des espaces libres. Le design intérieur, avec un revêtement au sol brillant en résine d'époxy, des carreaux de céramique et des murs de division en verre, reste cohérent avec le langage des matériaux.

With the artful load-bearing system visible through the glass façade, the architects practically provide the local branch with a business card.

Mit dem durch die Glasfassade sichtbaren raffinierten Tragwerkssystem geben die Architekten für ihre hiesige Dependance gleich eine Visitenkarte ab.

Grâce au système de partage des charges ingénieux et visible à travers la façade en verre, les architectes ont dans la pratique donné à la filiale locale une carte de visite.

Brückner & Brückner

CENTRUM

BAVARIA BOHEMIA

SCHÖNSEE

Bavaria Bohemia Cultural Center

A Bavarian-Bohemian cultural center sprang up in a former community brewery at Schönsee on the border with the Czech Republic. The history of the earlier glass trade route that ran through this area has a strong influence on the documentary work of the region. Because the restoration and renewal of this group of buildings was supposed to emphasize the building material's relationship with the local cultural history, glass could play a special role in the building's theme. It comes into view not just through the contrast between old and new architecture, but also experiences a functional rededication as a building material. The eastern wing of the building received a roof of glass-plane tiles which were especially created by a local glassmaker fort this project. The glass roof can be lit from within, therefore, glowing a cool blue and making it visible from a distance. Two-layered glass facings were also used for the extensions of the walls up to the new roof edge.

Centrum Bavaria Bohemia

In Schönsee, an der Grenze zu Tschechien, entstand in einem ehemaligen Gemeindebrauhaus ein bayerisch-böhmisches Kulturzentrum. Man erforscht hier u. a. die Geschichte der alten Glas-Handelsstraße, die früher hier verlief. Da bei der Restaurierung und Erneuerung des Gebäudeensembles die mit der lokalen Kulturgeschichte verbundenen Materialien in den Vordergrund gestellt werden sollten, konnte Glas in besonderer Weise am Bau thematisiert werden. Es wird nicht nur durch den Kontrast von alter und moderner Architektur in den Blick gerückt, sondern erfährt darüber hinaus als Baumaterial eine funktionelle Umwidmung: Der östliche Gebäudeflügel erhielt eine Dacheindeckung aus Glas-Biberschwänzen. Dieses Produkt ist eine Neuschöpfung speziell für das Projekt und wurde von einer ortsansässigen Glaserei hergestellt. Das von innen beleuchtete, bläulich strahlende Glasdach ist weithin sichtbar. Alte Steinwände wurden teils durch zweischalig vorgeblendete Glasschichten nach oben verlängert.

Centre culturel Bavaria Bohemia

Un centre culture bohème en Bavière a vu le jour dans une ancienne brasserie de la collectivité à Schönsee à la frontière avec la République tchèque. L'histoire de l'ancien itinéraire commercial du verre qui passait par cette zone a eu une grande influence sur le travail documentaire de la région. Comme la restauration et le renouvellement de ce groupe de bâtiments étaient censés souligner la relation du matériau avec l'histoire culturelle locale, le verre pouvait jouer un rôle tout particulier dans la thématique. Il se manifeste non seulement dans le contraste entre l'architecture ancienne et la nouvelle, mais aussi par sa nouvelle fonction comme matériau de construction. L'aile à l'est du bâtiment a été couverte d'un toit en tuiles plates en verre, création spéciale pour ce projet par un fabricant local. Il est éclairé de l'intérieur et luit un bleu vif qui le rend visible à distance. Deux parements doubles en verre ont aussi été utilisés pour les extensions des murs jusqu'au nouveau toit.

Brückner & Brückner Architects always masterfully bring the character of their chosen building materials to life.

Brückner & Brückner Architekten bringen den Charakter der von ihnen ausgewählten Baumaterialien stets meisterhaft zum Ausdruck.

Brückner & Brückner Architects révèlent toujours de main de maître le caractère des matériaux de construction choisis.

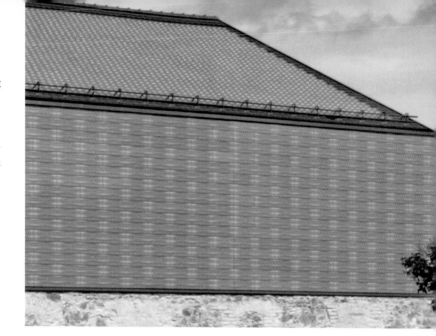

A nearly sculptural conception of the material that then plays a starring role throughout the emerging architecture.

Eine fast skulpturale Auffassung des Materials, das in der Architektur durchaus eine Hauptrolle spielen darf.

Une conception quasi sculpturale du matériau qui joue un premier rôle dans l'architecture émergente.

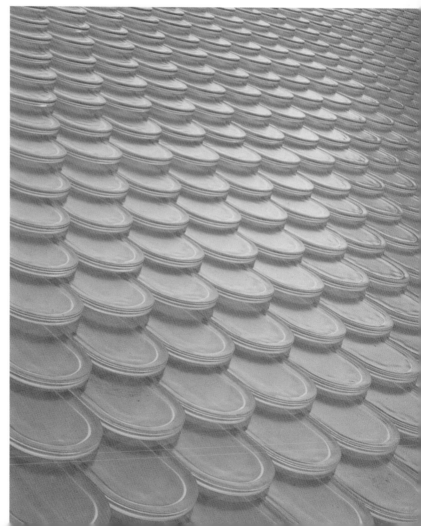

David Chipperfield

Des Moines Library

The library is located in a park. Different parts of the building are laid out on an irregularly shaped polygonal lot. It is a flat two-story cubic building with smooth outlines.

The play of light and color on its novel glass façade relieves the building of some of its severity and gives it an especially fine character. For David Chipperfield, OKALUX developed an exclusive insulating glass with sumptuous copper inserts that give the building's surface a warm metallic gleam and cause it to shimmer delightfully in the sunlight. In the building's interior, the technique provides a soft room light and protection from the sun and glare. The copper was worked to produce expanded metal units. It received a fine-pored, asymmetrical perforation through stretching the metal foil, whereby a transparent web structure arises. The system is a perfect synthesis of artistic and illumination functions.

Bibliothek Des Moines

Die Bibliothek befindet sich in einem Park. Verschiedene Bereiche des Gebäudes sind auf einem unregelmäßig polygonalen Grundriss angelegt. Es handelt sich um flache, zweigeschossige Gebäudekuben mit glatten Umrissen.

Licht- und Farbwirkung seiner neuartigen Glasfassade nehmen dem Bau viel von seiner Strenge und geben ihm einen besonders edlen Charakter. Für David Chipperfield entwickelte OKALUX exklusiv eine Isolierverglasung mit kostbarer Kupfereinlage, die der Gebäudeoberfläche einen warmen, metallischen Glanz verleiht. Das Kupfer wurde zur Streckmetalleinheit verarbeitet: Es erhält eine feinmaschige, nichtsymmetrische Perforation, die durch Strecken der Metallfolie auseinandergezogen wird, wodurch eine transparente Netzstruktur entsteht. Das System ist eine perfekte Synthese aus gestalterischen und belichtungstechnischen Funktionen.

Bibliothèque à Des Moines

La bibliothèque se trouve dans und parc. Les différents parties du bâtiment se distribuent sur un terrain polygonal irrégulier. Il s'agit d'un cube de deux étages aux contours discrets.

Le rôle de la lumière et de la couleur sur sa façade originale enlève une dose d'austérité au bâtiment et lui confère une allure particulièrement raffinée. Pour David Chipperfield, OKALUX a mis au point un verre isolant exclusif avec de sompteuses incrustations, qui donnent au bâtiment une chaude lueur métallique et le fait délicieusement briller au soleil. À l'intérieur, la technique garantit une lumière douce et une protection contre le soleil et les reflets. Le cuivre a été travaillé pour obtenir des éléments en métal déployé. Il a subi une perforation asymétrique à pores fins grâce à l'étirement de la feuille de métal, donnant ainsi une structure transparente de toile. Le système est la synthèse parfaite entre des fonctions artistiques et d'éclairage.

The view from the inside out is hardly dimmed, while in the opposite direction it is nicely obscured.

Der Blick von innen nach außen ist kaum getrübt, während umgekehrt ein guter Sichtschutz gegeben ist.

La vue depuis l'intérieur est à peine atténuée, alors que dans la direction opposée, elle est joliment voilée.

No two glass panels are alike, because of the irregularities in the metal and the perforations.

Durch Unregelmäßigkeiten des Metalls und der Perforation gleicht kein Glaspaneel dem anderen.

Aucun panneau de verre n'est identique en raison des irrégularités du métal et des perforations.

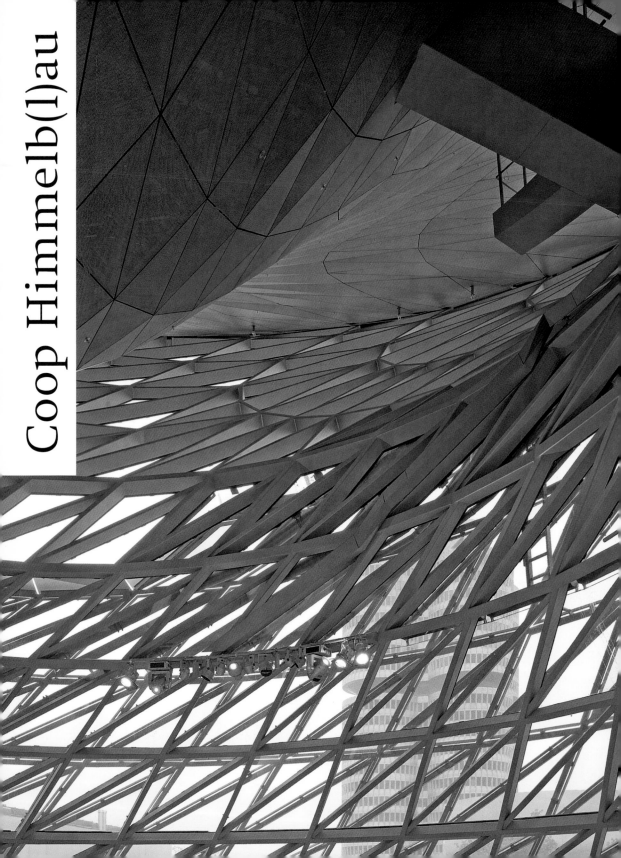

Coop Himmelb(l)au

BMW World

Because of its enormous solar-cell roof, the new administrative center on the Munich premises of BMW is among the few environmentally friendly large-scale building projects in the area. The combination of steel + glass as building materials is characteristic of Coop Himmelb(l)au architects. BMW World is also a typical archetype for the designers in its expressive stylistic elements. Steel gives the asymmetrically protruding contours of the building an intensity, while glass emphasizes the kaleidoscope-like surface of the structure with its representative glimmering materiality. Every element of the façade's surface is a perfectly calculated, unique 3D piece. 900 different glass elements were created for the distinctive, so-called 'double cone' tower alone. The most current structural-glazing techniques were used on the façade of the building's long side.
There was no stinting with glass in the area of roof construction, either. The total glass surface area of the roof amounts to 900 m².

BMW Welt

Wegen seines riesigen Solarzellendachs gehört das neue Veranstaltungszentrum auf dem Münchner BMW-Gelände zu den wenigen Großprojekten im Bereich umweltfreundlichen Bauens. Die Materialkombination Stahl und Glas ist charakteristisch für die Architekten von Coop Himmelb(l)au und auch in seiner expressiven Formensprache ist BMW Welt ein typisches Werk der Designer. Stahl verleiht den asymmetrisch ausladenden Gebäudekonturen Intensität; Glas betont mit seiner flirrenden Materialität die kaleidoskopartige Oberfläche des Baus und wirkt sehr repräsentativ. Jedes Element der Fassadenverkleidung ist ein in seiner Dreidimensionalität genau berechnetes Unikat. Allein für den sogenannten Doppelkegel, das turmartige Erkennungszeichen des Gebäudes, wurden 900 unterschiedliche Glaselemente gefertigt. An der Fassade der Gebäudelängsseite wurde mit hochaktuellen Structural-Glazing-Techniken gearbeitet. Im Bereich der Dachkonstruktion wurde ebenfalls nicht an Glas gespart: Die Glasdachfläche beträgt insgesammt 900 m².

Monde de BMW

Avec son gigantesque toit de plaques solaires le nouveau centre administratif dans les installations de BMW à Munich fait partie des projets de construction à grande échelle respectueux de l'environnement. L'emploi de l'acier et du verre comme matériaux de construction est caractéristique des architectes de Coop Himmelb(l)au. Le Monde de BMW est également l'archétype même des designers avec ses éléments stylistiques expressifs. L'acier donne de l'intensité aux contours saillants asymétriques du bâtiment, alors que le verre souligne la surface de type kaléidoscope de la structure avec une matérialité étincelante caractéristique. Tous les éléments de la surface de la façade sont des pièces uniques en trois dimensions et parfaitement calculées. Rien que pour le fameux double cône distinctif et imposant, 900 pièces en verre ont été fabriquées. Les techniques de vitrage structurel les plus courantes ont été employées pour la façade du côté long. Le verre a aussi été largement employé dans la construction du toit comme surface totale de 900 m².

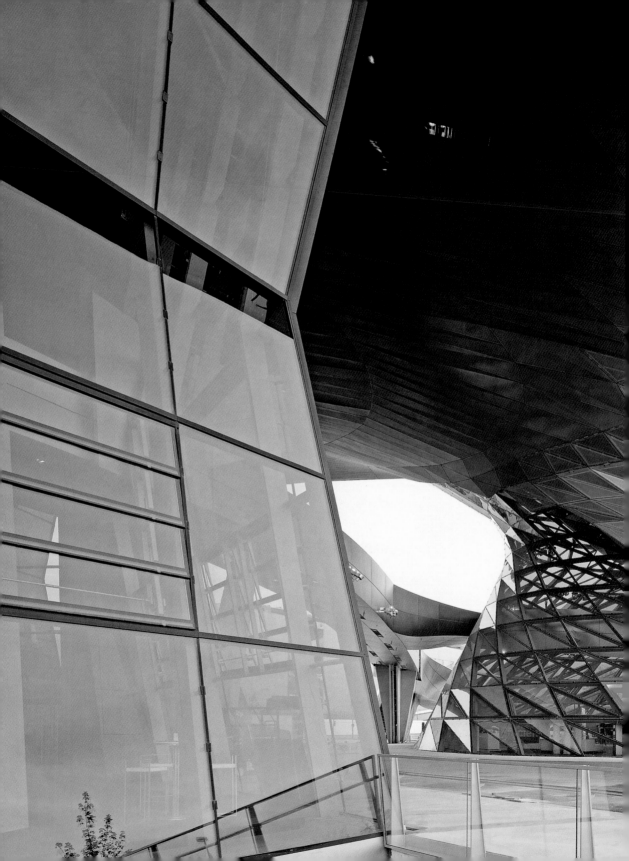

The combination of glass and steel in this building balances the temperature characteristics of both materials. Steel cools the warming glass.

Die Kombination von Glas und Stahl an diesem Gebäude dient dem Ausgleich des jeweiligen Temperaturverhaltens der beiden Materialien. Stahl kühlt das sich aufheizende Glas.

La combinaison d'acier et de verre dans ce bâtiment équilibre les propriétés de température de ces matériaux. L'acier refroidit le verre qui se réchauffe.

The customer's acquisition of a new vehicle in the BMW World House should be an experience.

Die Übernahme eines neuen Fahrzeugs soll für den Kunden zum einmaligen Erlebnis werden.

L'achat par un client d'un nouveau véhicule dans le Monde de BMW doit être une véritable expérience.

Blue spotlights push the color of the building even more in the direction of the color of the company logo.

Blaue Spots verbinden die Farbigkeit des Gebäudes noch stärker mit den Farben des Firmenlogos.

Des points de lumière bleue font encore plus pencher la couleur du bâtiment vers celle du logo de la marque.

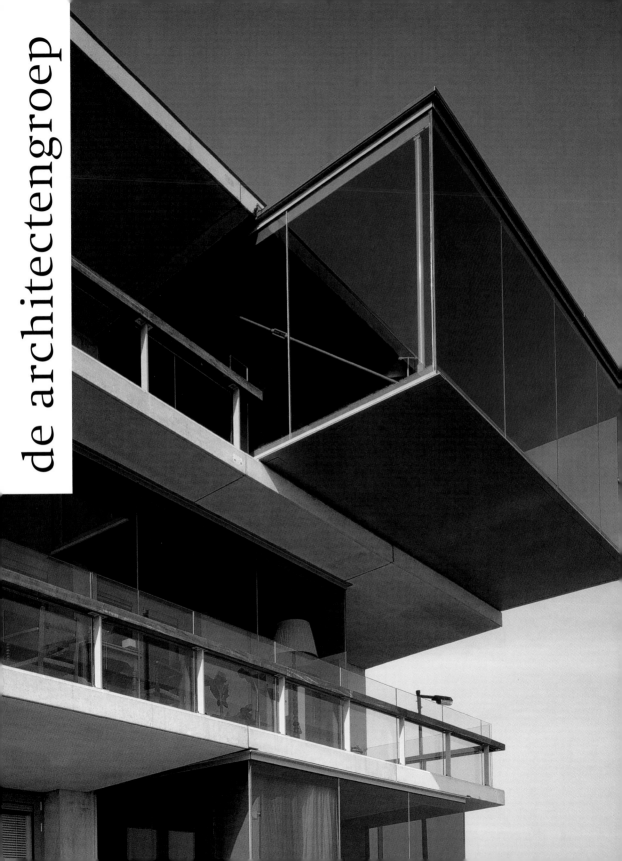

de architectengroep

Borneo Sling Apartments

In the not-too-distant past, Amsterdam was able to snap up former harbor and shipyard areas in an effort to exploit new lots. A master plan prepared the Borneo and Sporenburg peninsulas for mixed development. One part of the project was a line of row houses on Borneo along the whole 300m length of the peninsula. Row houses of this type are not unusual, but what is interesting is the way in which the short sides were designed. Here de architectengroep had the chance to place a cross bar, the 'Borneo Sling,' on the end that faced the tip of the peninsula. This new apartment building has the same height as the row behind, but is set sideways so it has twice the depth of the row houses. As a direct extension it has only one open face, but this commands an open view of the water. Five glass cubes jut out from the actual façade and emphasize the unobstructed view. As a result of the blue, gray and green tones of the glass, one feels closer to the heavens and the water here than to the earth.

Apartmenthaus Borneo Sling

Die beiden Amsterdamer Halbinseln Borneo und Sporenburg wurden durch einen Masterplan für eine gemischte Wohnbebauung vorbereitet. Ein Teilprojekt war die Reihenhauszeile auf Borneo die sich über die gesamte Länge der Halbinsel von etwa 300 Metern zieht. Reihenhäuser dieser Art sind nicht ungewöhnlich – interessant ist hingegen, wie die Kopfenden gestaltet werden. Hier bestand für de architectengroep die Möglichkeit, das zur Inselspitze gelegene Ende mit einem Gebäudequerriegel, dem „Borneo Sling", zu versehen. Dieses neue Apartmenthaus hat die gleiche Höhe wie die hinter ihm liegende Hausreihe. Als direkter Anbau hat es nur eine geöffnete Front, doch diese verfügt über den freien Blick aufs Wasser. Fünf gläserne Raumquader streben aus der eigentlichen Fassade heraus und betonen die unverstellte Aussicht. Über die hellen Blau-, Grau- und Grüntöne der gefärbten Verglasung fühlt man sich hier dem Himmel und dem Wasser näher als der Erde.

Appartements Borneo Sling

Ces dernières années, Amsterdam a réussi à récupérer les anciennes zones portuaires et de chantiers navals en vue d'exploiter de nouveaux terrains. Un plan maître a planifié les deux péninsules Borneo et Sporenburg pour un développement mixte. Une partie du projet concernait une bande de maisons sur Borneo, le long des 300 m de la péninsule. Les maisons en bande de ce type ne sont pas inhabituelles, l'intérêt étant ici la conception des côtés courts. Les architectes ont pu y placer une traverse, la « Borneo Sling », sur le côté faisant face à l'extrémité de la péninsule. Ce nouvel immeuble avait la même hauteur que la bande à l'arrière, sauf qu'il est placé en oblique, ce qui lui permet d'avoir le double de profondeur des maisons en bande. Comme extension directe, il n'a qu'une face ouverte, mais elle offre des vues sur l'eau. Cinq cubes en verre dépassent de la façade et mettent en valeur la vue dégagée. Les tons de bleu, gris et vert du verre font penser que le paradis et l'eau sont plus proches que la terre.

Many renowned architect studios
on the Dutch scene have built
in the eastern harbor area of
Amsterdam.

Viele namenhafte Architektur-
büros der niederländischen Szene
haben im östlichen Hafengebiet
von Amsterdam gebaut.

De nombreux cabinets d'architectes renommés sur la scène
danoise ont construit dans la zone
portuaire à l'est d'Amsterdam.

The former breakwaters have become some of the most desirable
addresses in the city.

Die ehemaligen Molen zählen
inzwischen zu den begehrtesten
Wohnadressen der Stadt.

Les anciens brise-lames sont
devenus l'une des adresses les plus
prisées de la ville.

Diener + Diener

Novartis Research Campus

The administrative building is the first new building in the chemical group's Science City. The internationally active Architect Office Diener + Diener of Basel created the building. The city's architectural museum immediately gave the architectural jewel its own exhibition.

The simple body of the building lets the beautiful façade take precedence. Colorful rectangular glass sheets of differing sizes were attached, at points up to three layers thick and without frames, to the delicate steel construction that fades into the background. They are neither window, wall nor balustrade, but rather art surrounding architecture. Swiss painter Helmut Federle designed the composition.

A lively color and light play of mixed shades and characteristics, but also of empty spaces, arises from the colors of different saturation and the layers of glass. Ceiling-high sliding doors open the ground floor on one side of the building.

Novartis Forschungscampus

Das Verwaltungshaus ist der erste Neubau der Science-City des Chemiekonzerns. Das international tätige Baseler Architekturbüro Diener + Diener realisierte den Bau. Das Architekturmuseum der Stadt widmete dem architektonischen Juwel sogleich eine eigene Ausstellung.

Der einfache Gebäudekörper lässt der wunderschönen Fassade deutlich den Vortritt. Farbige, rechteckige Glasblätter von unterschiedlicher Größe wurden in bis zu drei Schichten an einer zarten, zurückhaltenden Stahlkonstruktion punktförmig, ohne Rahmung, befestigt. Sie sind weder Fenster noch Wand, sondern Architektur umhüllende Kunst. Der Schweizer Maler Helmut Federle komponierte die Fassade.

Ein lebendiges Farb- und Lichtspiel mit Mischtönen und Verläufen ergibt sich aus den unterschiedlich intensiv getönten und sich überlagernden Scheiben. Auf einer Seite des Gebäudes kann das Erdgeschoss durch deckenhohe Glasschiebtüren geöffnet werden.

Campus de recherche de Novartis

Le bâtiment administratif est le premier édifice de la cité des sciences du groupe chimique. Le cabinet d'architectes Diener + Diener installé à Basel mais connu à l'international en est l'auteur. Le musée d'architecture de la ville a immédiatement offert à ce bijou architectural sa propre exposition.

Le corps simple laisse toute la priorité à la superbe façade. Des feuilles de verre rectangulaires colorées et de différentes tailles ont été fixées, parfois sur une triple épaisseur et sans encadrement, à la délicate construction en acier qui se fond dans le paysage. Il n'y a pas de fenêtres, de murs ou de balustrades, simplement une architecture artistique. Le peintre suisse Helmut Federle a créé la composition.

Un jeu aux couleurs vives d'ombres et d'éléments mixtes, mais aussi d'espaces vides, se démarque des couleurs plus ou moins saturées et des couches de verre. Des portes coulissantes jusqu'au haut plafond ouvrent le rez-de-chaussée d'un côté du bâtiment.

Later, the forecourt will be planted with a miniature birch forest.

Später soll der Gebäudevorplatz mit einem Birkenwäldchen begrünt werden.

Plus tard, l'avant-cour accueillera une petite forêt de bouleaux.

The plan for the entire research city envisions arcades for all new buildings.

Der Gesamtplan der Forschungsstadt sieht für alle Neubauten Arkaden vor.

Le plan pour l'ensemble du campus de recherche prévoit des arcades pour tous les nouveaux bâtiments.

Dark tinted panes of glass were avoided in front of workspaces.

Die dunkel getönten Gläser wurden nicht vor Arbeitsräumen platziert.

Les panneaux en verre de couleur sombre ont été évités devant les espaces de travail.

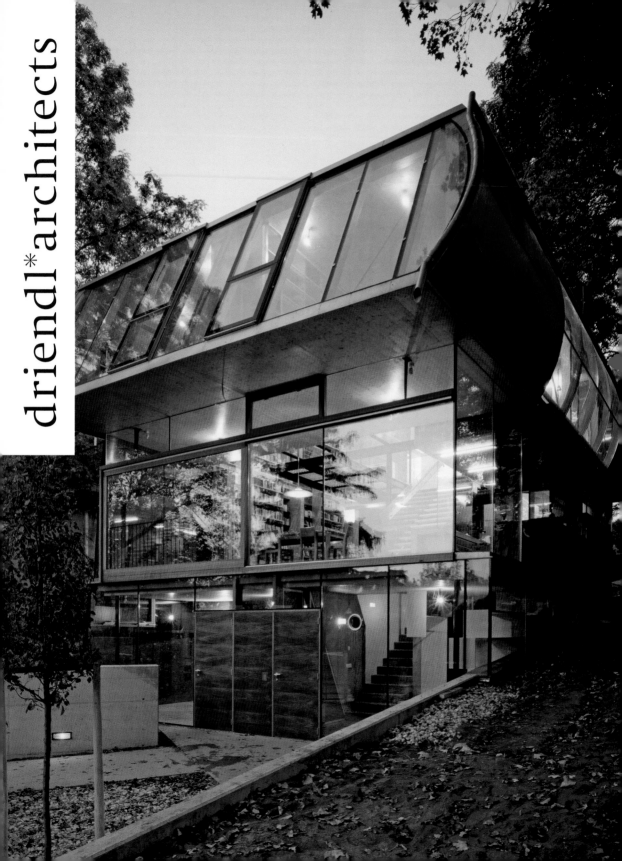

driendl*architects

Solar Tube House

That this building works, that something holds it in place, can surprise the visitor who approaches it from the front. Glass walls appear to carry an imposing roof; massive wooden doors are cut from a glass void and also, on the corners, one looks in vain for a recognizable support, as the glass walls take in the corners. This is possible although the load-bearing elements are in no way hidden behind sidings – they were simply reduced to the bare minimum to allow as much glass openness as possible. Even parts of the roof and intermediate ceilings are opened up with glass surfaces. Only the introverted living areas (bathrooms and bedrooms) were moved to the loft, where there are more closed exterior walls than in the living rooms to provide privacy from view. These rooms receive daylight by way of glass surfaces on the roof and through opaque intermediate walls.

Wohnhaus Solar Tube

Dass dieses Haus funktioniert, dass etwas es hält, erscheint dem Besucher, der sich von der Vorderseite her nähert, wie ein Wunder. Gläserne Wände tragen augenscheinlich ein mächtiges Dach, massive Holztüren sind aus dem gläsernen Nichts ausgeschnitten und auch an den Hausecken sucht man vergeblich nach einem erkennbaren Halt, denn die Glaswände verlaufen über Eck. Dies ist möglich, obwohl tragende Elemente des Gebäudes keinesfalls hinter Verkleidungen versteckt wurden – sie wurden einfach auf das absolut Notwendige reduziert, um so viel gläserne Offenheit wie möglich zu erzielen. Sogar Teile des Daches und der Zwischendecken sind über Glasflächen geöffnet. Nur die privaten Lebensbereiche (Bäder und Schlafzimmer) wurden ins Dachgeschoss verlegt, wo es aus Sichtschutzgründen mehr geschlossene Außenwände gibt als in den Wohnräumen. Diese Zimmer erhalten Tageslicht über Glasflächen im Dach und durch opake Zwischenwände.

Maison Solar Tube

Le fait que cet immeuble fonctionne, qu'il tienne en place, peut surprendre le visiteur qui s'en approche depuis l'avant. Des murs en verre semblent soutenir un toit imposant, des portes en bois massif sont découpées dans le vide du verre et dans les coins, aucun élément de charpente n'est visible, les murs en verre formant également les angles. L'ensemble est pourtant possible et le système de partage des charges n'est pas dissimulé derrière des parements : il a simplement été réduit au strict minimum pour une présence optimale du verre. Même certaines parties du toit et des plafonds intermédiaires ont des ouvertures en verre. Seuls les espaces à vivre privés (salles de bains et chambres) ont été installés à l'étage, où les murs extérieurs sont plus fermés que dans le reste du logement pour offrir plus d'intimité. Ces pièces reçoivent la lumière du jour grâce à des surfaces en verre dans le toit.

Some interior walls are made of fiberglass, ornamental glass and thin sheets of onyx.

Im Innenraum wurden Glasfaserlaminate, Ornamentglas und dünne Onyxplatten verarbeitet.

À l'intérieur se trouvent des murs intermédiaires opaques en fibre de verre, en verre ornemental et en fines feuilles d'onyx.

Citygate Subdivision

A generous use of glass in the architecture seems incompatible with the narrow cost restrictions and the strict requirements of low-income housing. Aesthetic requirements seem to be paradoxically taboo with this building theme. Franz Driendl does not share this view: color moved into the Citygate housing project in Innsbruck. All of the façades were completely covered with glass, colorfully enameled on the reverse. The shade is a midnight blue that is nearly black, in which the surroundings – the panorama of the Innsbruck Alps – are reflected in sharp relief. The brilliant surface is refined and meant to appear so, to prevent any feeling of neglect. Indeed, this façade works because it is more durable and easier to maintain than conventional solutions. Finally, it provides the ideal background for the glass balconies finished in bright colors. Together with the green of the gardens, the color here represents life and variety and fights sadness and monotony.

Wohnsiedlung Citygate

Eine großzügige Verwendung von Glas in der Architektur scheint unvereinbar mit den engen Budgets und strengen Auflagen des sozialen Wohnungsbaus. Ästhetische Ansprüche sind dabei paradoxerweise tabu. Doch mit dem Konzept von Franz Driendl zog Farbe in die Siedlung Citygate in Innsbruck ein. Alle Fassaden wurden vollständig in emailliertes Glas gekleidet. Der Farbton ist ein fast schwarzes Nachtblau, in dem sich die Umgebung – das Alpenpanorama – umrissscharf spiegelt. Die hochglänzende Oberfläche ist edel und man soll ihr dies auch ansehen, um von vornherein ein Gefühl von Minderwertigkeit auszuschließen. Tatsächlich zahlt diese Fassade sich aus, denn sie ist wesentlich dauerhafter und pflegeleichter als herkömmliche Lösungen. Letztendlich bildet sie einen idealen Hintergrund für die Glasbalkone, die in leuchtenden Buntfarben daherkommen. Zusammen mit dem Grün der Gärten steht Farbe hier für Lebensfreude und Vielfalt entgegen Tristesse und Eintönigkeit.

Sous-division Citygate

L'emploi généreux du verre en architecture semble incompatible avec les restrictions budgétaires et les conditions strictes des logements HLM. Paradoxalement, les exigences esthétiques paraissent comme un tabou pour ce type de construction. Franz Driendl ne partage pas ce point de vue: la couleur a été intégrée au projet de logements Citygate à Innsbruck. Toutes les façades ont été entièrement recouvertes de verre émaillé de couleur sur l'envers. La teinte bleu nuit tirant au noir permet au panorama des Alpes d'Innsbruck, de s'y refléter nettement. La surface brillante est volontairement épurée pour éviter la sensation de négligence. De fait, la façade fonctionne car elle est plus résistante et plus facile à entretenir que des solutions conventionnelles, sans compter qu'elle offre un fond idéal pour les balcons en verre aux finitions de couleur vive. Associée au vert des jardins, la couleur symbolise ici la vie et la variété, elle combat la tristesse et la monotonie.

Ceiling-height glazing of the southern rooms, incoming daylight on all sides and the glass insulation of the façade make this a low energy use housing project.

Die Glasisolierung der Fassade, deckenhohe Fenster in den südlichen Räumen und allseitiger Tageslichteinfall machen die Siedlung zu einer beispielhaften Niedrigenergiewohnanlage.

La combinaison de grandes fenêtres dans les pièces orientées au sud, de la lumière naturelle de toutes parts et de l'isolation en verre des murs en fait un projet de logements à bas profil énergétique.

Inholland University

Directly on the inner harbor, the college building of the Inholland University of Applied Sciences stretches parallel to the quay wall. An emphasis on horizontal lines and a desire to take advantage of the water's reflection guided the design of the main façade. The glass wall is made of a fine-layered structure of white metal slats. This means the structure does not lose the reflection or the surroundings. Its contours remain in a subtle way and the surface acquires a tactile quality, reminiscent of textiles. The softly curved lower edge of the building contributes to this feeling – it calls to mind a carelessly rolled-up window shade.

The interior rooms are organized around a roof-height atrium. Almost all have glass walls – in part, colored cobalt blue – so the happenings in the building are visible from the foyer to the upper stories.

Inholland Universtität

Unmittelbar am Hafenbecken von Rotterdam erstreckt sich die Inholland Fachhochschule parallel zur Kaimauer. Eine Betonung der Horizontalen und ein Aufgreifen der Wasserspiegelung waren für den Entwurf der Hauptfassade bestimmend: Die Glaswand wird durch eine feine Schichtenstruktur aus weißen Metalllamellen gestaltet. Dadurch verliert sich der Baukörper nicht hinter den vielfältigen Spiegelungen der Umgebung. Auf zurückhaltende Weise bleiben seine Konturen erhalten und die Oberfläche gewinnt eine haptische Qualität, die an Textilien erinnert. Dazu trägt auch die sanft geschwungene Gebäudeunterkante bei – man fühlt sich an eine nachlässig aufgezogene Jalousie erinnert.

Die Innenräume sind um ein dachhohes Atrium herum organisiert. Fast alle haben Glaswände – teils in kobaltblauer Einfärbung – so dass das Geschehen im Innern vom Foyer bis in die oberen Etagen sichtbar ist.

Université d'Inholland

Directement dans l'arrière-port, l'institut de l'université d'Inholland de sciences appliquées s'étend parallèlement au mur de quai. Le design de la façade principale a été guidé par la priorité donnée aux lignes horizontales et le désir d'exploiter les reflets sur l'eau. Le mur en verre est fait d'une structure stratifiée délicate en lamelles de métal blanc. La structure profite pleinement des reflets et de l'environnement. Ses contours sont conservés de façon subtile et la surface acquiert une qualité au toucher qui rappelle un tissu. Le bord inférieur légèrement incurvé du bâtiment participe de cette impression : il évoque un store de fenêtre négligemment enroulé.

Les pièces à l'intérieur sont organisées autour d'un hall qui monte jusqu'au toit. Presque toutes sont dotées de murs en verre, en partie de couleur bleu cobalt, ce qui permet d'observer la vie au-dans depuis le hall et les étages supérieurs.

The builder's desire was a feeling of openness.

Die Thematisierung von Offenheit war ein Wunsch des Bauherrn.

Le souhait du constructeur était de créer une sensation d'ouverture.

This represents the international diversity and flexibility of the study course.

Sie steht für die Internationalität und Flexibilität des Studienprogramms.

Ceci illustre la diversité internationale et la flexibilité de l'évolution de l'étude.

City Hall, Alphen aan den Rijn

At only four stories high, the building is still by far the largest structure in the pensive small city, with its little gabled houses and pointed church towers. Erick van Egeraat succeeds in giving the building a good-humored, friendly impression. This is a result of its broadly supported form, with its beautifully curved façades and glass siding printed with a lively design. The panes were printed with informal designs from nature like leaves and branches, much like a collage. The designs in grayish-white shades look like etched glass. On the whole, it is light-permeable, but has different levels of transparency.

Time after time, the architect declares that his buildings can be pleasing and stylish so long as they please the users. When asked if the leaf theme on the Alphen City Hall was required, he replied, "Required? No! But beautiful to look at."

Stadthalle Alphen aan den Rijn

Mit einer Höhe von nur vier Geschossen ist das Stadthaus mit Abstand das größte Gebäude der beschaulichen Kleinstadt mit ihren Giebelhäuschen und spitzen Kirchtürmen. Es gelingt Erick van Egeraat, dem Bau eine freundliche Anmutung zu verleihen. Das liegt an der breit gelagerten Form des Gebäudes mit seinen geschwungenen Fassaden und an der munter bedruckten Glasverkleidung. In zwanglos wirkender, collageartiger Anordnung wurden die Glasscheiben mit Naturmotiven wie Blättern und Zweigen bedruckt. Die Bedruckung in weiß-grauen Nuancen wirkt wie geätztes Glas. Sie ist überall lichtdurchlässig, zeigt jedoch unterschiedliche Abstufungen ihrer Transparenz. Der Architekt bekennt sich immer wieder dazu, dass seine Bauten gefällig und stylisch sein dürfen, wenn dies den Nutzern gefällt. Als er gefragt wurde, ob das Blättermotiv der Alphener Stadthalle denn zwingend war, antwortete er: „Nötig? Nein! Aber doch schön anzusehen."

Mairie d'Alphen sur le Rhin

Sur seulement quatre étages, le bâtiment est de loin la plus grande structure de cette petite ville calme aux maisons à pignons et aux clochers d'église pointus. Erick van Egeraat a réussi à doter le bâtiment d'une allure plaisante, et ce grâce à la forme de grande assise, aux façades courbes et aux parements en verre imprimés d'un motif gai. Les panneaux ont été imprimés avec des motifs familiers de la nature, tels que des feuilles et des branches qui s'apparentent à un collage. Les motifs dans des teintes de blanc grisé ressemblent à du verre gravé. L'ensemble du bâtiment est perméable à la lumière, mais avec différents degrés de transparence.

À plusieurs reprises, l'architecte a déclaré que ses constructions peuvent être agréables et élégantes tant qu'elles plaisent à leurs utilisateurs. Lorsqu'on l'interroge si le thème des feuilles de la mairie d'Alphen a été demandé, il répond « Demandé ? Non, mais beau à regarder. »

There is no public access in the administrative area. Its natural stone façade is less extroverted than the main building, but its forms are very expressive.

Im Verwaltungstrakt findet kein Publikumsverkehr statt. Seine Natursteinfassade ist weniger extrovertiert als das Haupt- gebäude, aber seine Formen sind sehr expressiv.

Dans la zone administrative, il n'y a pas d'accès public. Sa façade en pierre naturelle est moins extro- vertie que le bâtiment principal, mais ses formes sont très expres- sives.

The designs on the glass wall are reminiscent of frost patterns.

Die Motive der Glaswand er-innern an Eisblumen.

Les motifs sur le mur en verre rappellent des éléments gelés.

Depending on the point of view, the façade is more or less trans-parent.

Je nach Blickwinkel ist die Fassade mal mehr mal weniger durchsichtig.

En fonction du point de vue, la façade est plus ou moins transpa-rente.

ABC Faculty Building

The work of Erick van Egeraat includes some of the most interesting current examples of the use of glass architecture. Refraction and crystalline emittance take center stage. The extension building in the grounds of the University of Utrecht faces south; therefore it needed to be shielded from direct sunlight. For this purpose three glass towers were erected in the middle of the trapezium shaped floor plan, these act as roof lights that bring in indirect illumination and channel light all the way down to the ground floor. They open up the interior and create a communicative bond between all the floors of the building. The towers are positioned so that they reflect off one another and their reverse diagonals cause further refraction.

Reflective materials on the outside of the building cause it to glisten like a crystal, aided by the irregular, changeable placement of the windows. The audacious buckled roof provides the whole image with a deconstructivistic element.

ABC Fakultätsgebäude

Die Werke Erick van Egeraats gehören zu den interessantesten Objekten der aktuellen Glasarchitektur. Lichtbrechungen und kristalline Ausstrahlung stehen im Vordergrund.
Der Neubau auf dem Gelände der Universität Utrecht öffnet sich nach Süden, soll jedoch vor direktem Sonnenlichteinfall geschützt werden. Im Zentrum des trapezartigen Grundrisses wurden daher drei Glastürme errichtet, die als Oberlichter indirekte Beleuchtung bringen und Helligkeit bis in die unteren Etagen leiten. Sie öffnen den Innenraum und verbinden kommunikativ alle Ebenen des Gebäudes. Die Türme sind so nebeneinander angeordnet, dass sie sich gegenseitig reflektieren und ihre gegenläufigen Diagonalen weitere Lichtbrechungen hervorrufen.
Glänzende Materialien lassen auch die Außenseite des Gebäudes wie einen Kristall glitzern, was besonders durch die unregelmäßige, changierende Anordnung der Fenster bedingt ist. Eine kühn eingeknickte Gebäudeecke tritt als dekonstruktivistisches Element ins Bild.

Faculté universitaire de ABC

Les œuvres d'Erick van Egeraat font partie des projets les plus intéressants dans le domaine de l'architecture du verre contemporaine. Les reflets de lumière et les miroitements cristallins y occupent le premier plan.
Le nouveau bâtiment du campus de l'Université d'Utrecht s'ouvre vers le sud, et doit donc se protéger des rayons directs du soleil. Au centre du plan trapézoïdal, on a érigé trois immenses tours de verre qui reçoivent une lumière indirecte par le sommet et la conduisent jusqu'aux étages inférieurs. Elles ouvrent l'espace intérieur et font communiquer tous les étages du bâtiment. Elles sont si proches qu'elles se reflètent les unes les autres et leurs diagonales opposées créent des reflets de lumière supplémentaires.
Les matériaux brillants utilisés à l'extérieur du bâtiment le font aussi scintiller comme un cristal, et cette analogie est encore renforcée par la disposition irrégulière et changeante des fenêtres. L'un des angles du bâtiment affiche un jeu de pliage audacieux qui évoque le déconstructivisme.

The bright red foyer gives the room warmth. Other interior design elements counteract the glistening crystalline dominance with their dark, matt colors.

Das leuchtende Rot im Foyer gibt dem Raum Wärme. Andere Elemente des Interiordesigns wirken mit matten, dunklen Farben der kristallinen, gläsernen Dominanz entgegen.

Le rouge lumineux du foyer confère de la chaleur à l'espace. D'autres éléments de la décoration intérieure font contrepoint à la dominance du verre par leurs couleurs mates et sombres.

Radisson Hotel Wine Tower

For the new Radisson Hotel at Stansted Airport in London, the client wanted 'event architecture' as a main attraction that should draw the eye from everywhere in the foyer. A construction that was transparent on all sides was therefore required. Its supporting structures should remain invisible. As a result, they are housed in the center of a 13-meter-tall tower and surrounded by an interior tower of transparent acrylic that is also the wine rack, with room for 4,000 bottles. An exterior wall of glass hangs in front of it, with no other support, at a distance of about 2 meters. The tower includes areas of different temperatures. Sophisticated technology keeps the glass walls from fogging up. The unusual wine cellar also serves as a cabinet for the spectacular event of ordering wine. Then the so-called 'wine angels,' in the shape of trained dancers and artists, fly up and down in the tower to retrieve the desired bottle.

Weinturm im Hotel Radisson

Für das neue Radisson Hotel am Flughafen Stansted, London, wünschte sich der Auftraggeber eine Eventarchitektur, die von überall im Foyer die Blicke auf sich ziehen sollte.
Somit war eine allseitig transparente Konstruktion erforderlich. Deren tragende Elemente sollten unsichtbar bleiben. Sie befinden sich daher im Kern des 13 m hohen Turms und werden von einem inneren Turm aus transparentem Acrylglas umschlossen, der gleichzeitig Platz für 4.000 Weinflaschen bietet. Mit einem Seitenabstand von etwa 2 m hängt stützenfrei eine äußere Wand aus Glas davor. Im Turm gibt es unterschiedliche Temperatur- und Klimabereiche. Ausgefeilte Technik verhindert ein Beschlagen der Glaswände. Dieser ungewöhnliche Weinkeller dient auch als Vitrine für den spektakulären Vorgang einer Weinbestellung. Eine besondere Attraktion sind die „Wine Angels", ausgebildete Tänzer und Artisten, die im Turm auf und ab fliegen, um die gewünschte Flasche zu entnehmen.

Tour à vin dans l'hôtel Radisson

Pour le nouvel hôtel Radisson à l'aéroport de Stansted à Londres le client voulait une attraction principale. L'événement devait attirer les regards depuis tous les points du hall. Il fallait donc pour cela une construction transparente de toutes parts. Ses structures de soutènement devaient être invisibles. Elles ont ainsi été intégrées au centre d'une tour de 13 mètres de haut et entourées d'une tour intérieure en acrylique transparent qui sert également de porte-bouteilles (avec une capacité de 4 000 bouteilles de vin). Un mur extérieur en verre se dresse devant sans autre support, à environ 2 mètres. La tour comprend des zones à différentes températures. Une technologie sophistiquée empêche les murs en verre de s'embuer. Ce cellier inhabituel sert également de décor pour l'événement spectaculaire consistant à commander du vin. Les fameux anges du vin, des danseurs et des artistes formés, volent alors le long de la tour pour retirer la bouteille souhaitée.

Although the glass tower reflects light from the atrium, it also has its own lights.

Der Glasturm reflektiert Licht aus dem Atrium, ist aber auch selbst beleuchtet.

La tour en verre reflète la lumière du hall et possède son propre éclairage.

For a time, in the year it was the largest electro luminescent system in the world.

In seinem Erbauungsjahr war er vorübergehend das größte bis dato erbaute ELD-System weltweit.

Au moment où il a été construit, il s'agissait du plus grand système ELD au monde.

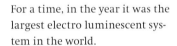

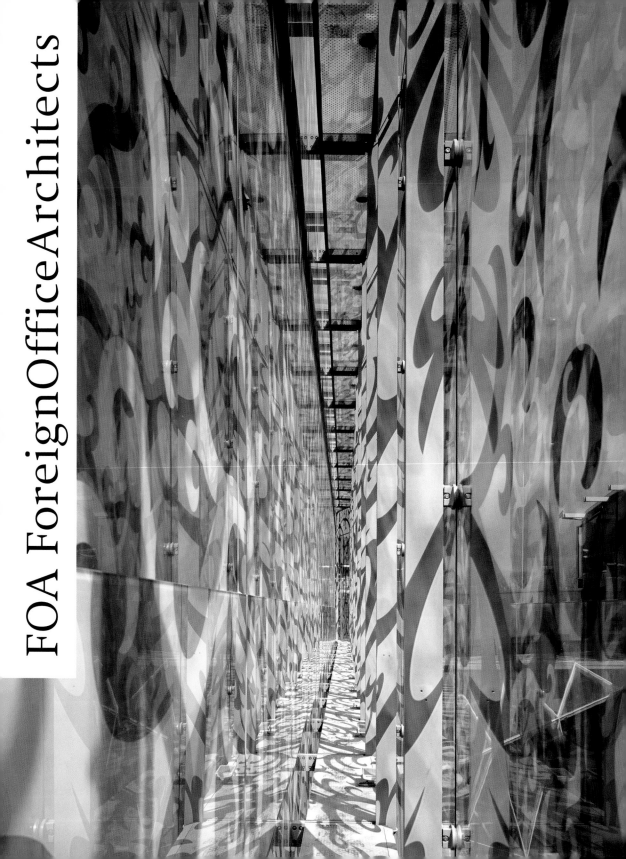

FOA ForeignOfficeArchitects

John Lewis Department Store and Cineplex Cinema

A drape of glass and stainless steel encloses this mammoth department store and cinema building complex. The architects visualised the covering as a curtain. In conjunction with the department store, this idea establishes a link in form and content to the John Lewis business enterprise and its high quality fabrics. Textiles have been manufactured in Leicester for over 200 years. Moreover, the huge theaters in the cinema complex have curtains on the inside that cover the screens from the ceiling to the floor.

The glass covering of the building has two different manifestations. Both sides have been superimposed with arabesque ornaments. On the exterior, they are made of mirrored glass ceramics. When seen from the outside, these parts – as with an ordinary mirror – reflect everything and nothing penetrates through them into the interior. In addition, the unornamented glass and the steel skins cause varied mirroring effects. From the interior, the view outwards is similar to looking through a lace veil.

John Lewis Einkaufszentrum und Cineplexkino

Eine Hülle aus Glas und Edelstahl umschließt den riesigen Gebäudeblock, in dem sich ein Kaufhaus und ein Kinocenter befinden. Die Architekten verstehen die Hülle als Vorhang. Im Zusammenhang mit dem Kaufhaus stellt diese Idee einen inhaltlichen Bezug zum Handelshaus John Lewis und seinen hochwertigen Stoffen her. Hier in Leicester werden seit über 200 Jahren Textilien hergestellt. Andererseits haben auch die riesigen Säle des Cineplexkinos Vorhänge, die im Inneren deckenhohe Leinwände verhüllen.

Auf beiden Seiten der eindrucksvollen Doppelfassade wurden arabeskenförmige Ornamente aufgebracht. Diese bestehen auf der Außenseite aus spiegelnder Glaskeramik. Der Blick von außen wird dort – wie bei einem herkömmlichen Spiegel – vollständig reflektiert und dringt nicht nach innen. Dazu variieren die unterschiedlichen Spiegeleffekte der nicht-beschichteten Glasflächen und der Edelstahlhaut. Von innen schaut man durch die Glashülle wie durch einen Spitzenschleier.

Centre commercial John Lewis et multiplexe

Une membrane de verre et d'acier inoxydable enserre cet immense bâtiment. Les architectes ont conçu cette membrane comme s'il s'agissait d'un rideau. Cette idée établit un rapport symbolique avec la maison John Lewis et ses textiles haut de gamme. À Leicester, l'industrie du textile a plus de 200 ans. Le rideau de la façade fait également écho aux salles du multiplexe, où les écrans sont cachés par de grands rideaux. Le revêtement vitré du bâtiment est composé de deux couches qui affichent des deux côtés des ornements en forme d'arabesques. Pour la face externe, ils sont réalisés dans une céramique de verre réfléchissante. Le regard des passants s'y réfléchit comme dans un miroir traditionnel, et ne peut pas pénétrer à l'intérieur. Les surfaces de verre qui n'ont pas été recouvertes de cette pellicule et la membrane en acier inoxydable ajoutent en outre d'autres jeux de reflets. Depuis l'intérieur, on peut regarder à travers la membrane de verre comme à travers une voilette.

At the edges of the building, the different types of cladding run together in angular channels.

An den Gebäudeecken treffen die unterschiedlichen Arten der Verkleidung in schrägen Bahnen zusammen.

Aux angles du bâtiment, les différentes parties du revêtement se rejoignent en formant des lignes diagonales.

During the course of the day, the color effect of the glass structure changes constantly, whilst at night it appears to have an absence of matter.

Während sich die Farbwirkung des Glaskörpers im Laufe des Tages ständig verändert, wird er bei Dunkelheit zu einer fast materiefreien Erscheinung.

La couleur du volume en verre change constamment avec la lumière du jour, mais dans l'obscurité il se métamorphose en une apparition presque immatérielle.

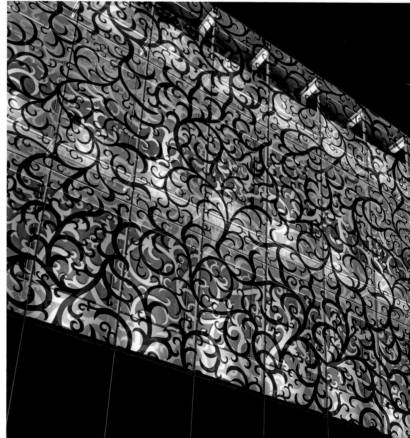

Garbe+Garbe

Hall Schranne

Munich got back its old Schranne, a historic granary that now with its new building and remodeling can be used multifunctionally. The center of the complex is the hall building from the mid-19th century that was able to be rebuilt with more than half the original construction elements. It is an especially beautiful example of the iron and glass buildings of the time. The hall received a fitting addition in its main southern façade, a completely glazed simple cube of a building. Its proportions harmonize well with the old building. The architects were particularly successful in their synthesis of the structural characteristics, materials and colors. The narrow, tall strips of the new façade are reminiscent of the old hall's forest of supports. It was almost imperative to make this a glass structure because the old Schranne represents the source of glass-façade building that was made possible by the iron architecture of the previous century.

Schrannenhalle

München hat seine alte Schranne wiedergeschenkt bekommen, eine historische Getreidehalle, die nun mit ihren Neu- und Umbauten multifunktional genutzt werden kann. Zentrum des Komplexes ist der aus der Mitte des 19. Jahrhunderts stammende Hallenbau, der zu mehr als der Hälfte aus originalen Konstruktionselementen wiedererrichtet werden konnte. Er ist ein besonders schönes Beispiel für die Eisen-Glas-Konstruktionen dieser Zeit. Eine sehr stimmige Ergänzung dazu ist der neue südliche Kopfbau – ein komplett verglaster schlichter Gebäudekubus. In seinen Proportionen harmoniert dieser gut mit dem Altbau. Besonders gelungen ist den Architekten die Synthese aus strukturellem Duktus, Materialität und Farbigkeit. Die schmalen, hohen Streifenelemente der neuen Fassade stehen in enger Beziehung zum Stützenwald der alten Halle. Dass es ein Glasgebäude sein sollte, war fast zwingend, denn die alte Schranne steht für den Ursprung des Glasfassadenbaus, den die Eisenarchitektur des vorletzten Jahrhunderts ermöglichte.

La « Schranne »

Munich a récupéré son ancienne Schranne, un grenier à céréales historique et désormais polyvalent avec son nouveau bâtiment et sa restauration. Le centre du complexe est le vestibule datant du milieu du XIXe siècle et qui a pu être reconstruit avec plus de la moitié des éléments de construction d'origine. Il s'agit d'un exemple particulièrement esthétique de construction en fer et verre de l'époque. Le vestibule a accueilli une installation supplémentaire pour sa façade principale au sud, un cube entièrement vitré dont les proportions s'accordent bien avec l'ancien bâtiment. Les architectes ont notamment réussi à homogénéiser les caractéristiques structurelles, les matériaux et les couleurs. Les longues bandes étroites de la nouvelle façade rappellent les piliers de soutien de l'ancien vestibule. Il était quasiment indispensable d'en faire une structure en verre, l'ancienne Schranne étant à l'origine de la construction vitrée rendue possible par l'architecture en fer du siècle dernier.

The color palette of the new building mirrors exactly the turquoise of oxidized copper and the iron-gray shades of the old building technique.

Das Farbspektrum des Neubaus spiegelt exakt die Kupferoxid-türkis- und Eisengrautöne der alten Bautechnik wider.

La palette de couleurs du nouveau bâtiment imite parfaitement le turquoise du cuivre oxydé et les tons gris fer de l'ancienne technique de construction.

The matt-silver aluminum showing the demarcation of the floors and air vents complement the color palette.

Dazu passen die mattsilbernen Aluminiumelemente der Geschossprofile und Belüftungspaneele.

L'aluminium argent mat marquant la division des étages et des soupiraux vient compléter la palette de couleurs.

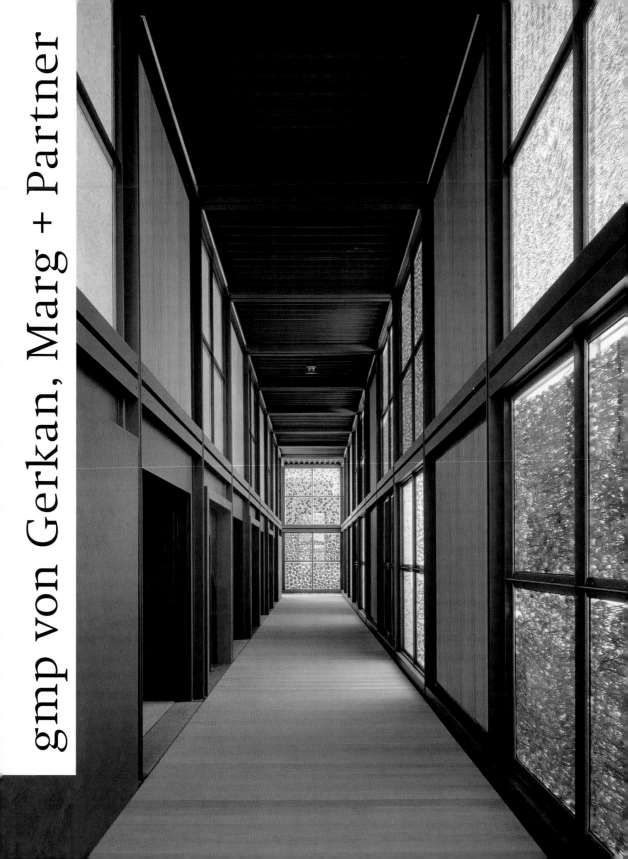

gmp von Gerkan, Marg + Partner

Christ Pavilion, Expo 2000

gmp Architects designed a softly transparent building as a shared location for the Evangelical and Catholic Churches at the Hanover Expo in 2000. After the fair ended, the building was rebuilt in the Cistercian Cloister in Volkenroda. The structure of the facility is emphatically simple and obvious. The bulk of the modular elements are glass windows with simple crossbars – the symbol of the cross in its simplest form identifies the building. Regarding their dimensions and construction, the glass window modules share a single form and yet each is individual. The panes of glass are double-layered; the interior spaces filled with different materials from the realms of nature and technology. The different materials are identifiable only from a short distance. From afar, the interplay of structures and the different transparencies, as well as the low-key brown and gray shades become apparent.

Christus-Pavillon EXPO 2000

Den transparenten Pavillon entwarfen gmp Architekten für den gemeinsamen Standort der evangelischen und katholischen Kirchen auf der Weltausstellung. Nach Messeende wurde er im Zisterzienserkloster Volkenroda wiedererrichtet. Die Struktur der Anlage ist betont einfach und dabei sinnfällig. Beim überwiegenden Teil der Modulelemente handelt es sich um Glasfenster mit einfachem Fensterkreuz – das Kreuzsymbol in schlichtester Form bestimmt also den Bau. Hinsichtlich ihrer Dimension und ihrer Konstruktion sind die Fenstermodule einförmig, und dennoch ist jedes ein Einzelstück. Die Gläser sind zweischichtig, die Zwischenräume mit Materialien verschiedenster Art aus den Bereichen Natur und Technik gefüllt. Erst aus kurzer Entfernung nimmt man die unterschiedlichen Materialien, das Wechselspiel von Strukturen und unterschiedlicher Lichtdurchlässigkeit sowie die zurückhaltenden Braun- und Grautöne wahr.

Pavillon du Christ EXPO 2000

Les architectes de gmp ont conçu un bâtiment légèrement transparent comme emplacement commun des églises évangélique et chrétienne à l'exposition universelle. Au terme de cette exposition, le bâtiment a été reconstruit dans le cloître cistercien de Volkenroda. La structure de la construction est simple et évidente. L'ensemble des éléments modulaires correspond à des fenêtres avec de simples entretoises, le symbole de la croix dans sa plus simple expression identifiant le bâtiment. Par rapport à leurs dimensions et à la construction, ces fenêtres possèdent une même forme, mais chacune se distingue pourtant des autres. Les panneaux en verre comptent deux couches, et les espaces intérieurs une variété de matériaux appartenant à la nature et à la technologie. Les différents matériaux se reconnaissent uniquement à une courte distance. De loin, on ne remarque que l'interaction des structures et des différentes transparences, ainsi que les teintes marron et gris de faible intensité.

The walls of the chapel in the center of the pavilion are made from extremely thinly cut white marble - in other words, comparable to alabaster in its luminescence, it is translucent but not transparent.

Die Wände des Christusraums im Zentrum des Pavillons bestehen aus extrem dünn geschnittenem, weißem Marmor, der – vergleichbar der Lumineszenz von Alabaster – lichtdurchlässig, aber nicht durchsichtig ist.

Les murs de la chapelle au centre du pavillon sont en marbre blanc d'une coupe extrêmement fine, comparable à une alabastrite pour sa luminescence (translucide mais pas transparent).

Herzog & de Meuron

Prada Tokyo

This building surface awakens associations with materials that are very unusual for glass façades. It does not show the crystalline splintering of the hard brittle material. Here glass seems much more like a soft material that would like to force itself through a hard grid, similar to a film inflated from within. Because the convex areas are irregularly distributed on the building, the impression of a constantly changing condition is strengthened. If one moves along the windows, distortions effects as with glass lenses appear. There are three variations of the specially developed panes of glass. Some are concave instead of convex and others are flat. The grid of the façades is also the building's load-bearing structure, supported only by a narrow internal vertical device.

Prada Tokio

Diese Gebäudeoberfläche weckt Materialassoziationen, die für Glasfassaden sehr ungewöhnlich sind. Sie zeigt nicht das kristalline Aufsplittern des an sich harten spröden Stoffes. Hier wirkt Glas vielmehr wie ein weiches Material, das sich durch ein hartes Gitternetz drücken möchte, einer Folie vergleichbar, die von innen aufgeblasen wird. Dadurch, dass die sich vorwölbenden Stellen unregelmäßig am Gebäude verteilt sind, wird die Vorstellung eines sich stetig ändernden Zustandes verstärkt. Bewegt man sich an den Fenstern entlang, so ergeben sich Verzerrungseffekte wie bei Glaslinsen. Es gibt drei Varianten der speziell entwickelten rautenförmigen Glasscheiben. Einige wölben sich nach innen statt nach außen und andere sind flach. Das Gitternetz der Fassade ist zugleich die tragende Konstruktion des Gebäudes; es wird lediglich unterstützt durch eine schlanke vertikale Einheit im Gebäudeinneren.

Prada Tokyo

La surface du bâtiment évoque des associations de matériaux très inhabituels pour les façades en verre. Elle ne montre pas les éclats cristallins du matériau cassant. Ici, le verre ressemble davantage à un matériau tendre qui voudrait traverser une grille rigide, comme un film gonflé de l'intérieur. Comme les zones convexes sont réparties de façon irrégulière dans le bâtiment, l'impression d'une évolution permanente est d'autant plus forte. En se déplaçant le long des fenêtres, on peut voir des effets de distorsion, comme avec des disques de verre. Les panneaux en verre spécialement conçus sont de trois types. Certains sont concaves au lieu de convexes, d'autres sont plats. La grille des façades sert également de structure porteuse du bâtiment, uniquement appuyée sur un dispositif vertical interne étroit.

On the exterior, the "joints" between the panes are stained dark and recede behind the plasticity of the convex panes.

Außen sind die „Fugen" zwischen den Gläsern dunkel gefärbt und treten hinter die Plastizität der Konvexscheiben zurück.

À l'extérieur, les « joints » entre les panneaux sont teintés en noir et disparaissent derrière la plasticité des panneaux convexes.

PRADA
H&deM TURNE 7 2003

On the inside they are broader and deeper so the sills can be used to display window designs.

Innen sind sie breiter und tiefer, so dass sie auch als Ablagen bei der Schaufenstergestaltung genutzt werden können.

À l'intérieur, ils sont plus larges et profonds, ce qui permet d'utiliser les rebords pour les vitrines.

Their white lacquer finish and rounded edges are consistent with Seventies-style interiors.

Die weiße Lackierung und die abgerundeten Kanten entsprechen dem Seventies-Style des Interieurs.

La finition laquée blanche et les bords arrondis sont cohérents avec les intérieurs d'inspiration seventies.

HI-TEC-GLAS Grünenplan

Home with Glass Columns

More and more often, architects are considering glass as a load-bearing element in construction. In 2008 the engineers from HI-TEC-GLAS Grünenplan developed and perfected for the broader market an ingenious composition for the load-bearing elements using composite tubes of borosilicate glass. Because of their ring-shaped geometry, the glass tubes possess fascinating structural properties, particularly an extremely high compressive strength. In addition, the material is reinforced using the pre-stressing principle, wherein an internal tension cable permanently increases the pressure, making the glass denser and stronger. A special joint technique on both ends of the tube, in conjunction with the tension cable, transfers tensile forces to the tube. Lateral forces are significantly reduced.

In this example of a two-story glazed living room, the force of the roof and the wooden beams is borne entirely by glass columns (pipes).

Wohnhaus mit Glassäulen

Glas als tragendes Element der Konstruktion wird von Architekten zunehmend in Betracht gezogen.

Mit Verbundglasrohren aus Borosilikatglas haben die Ingenieure von HI-TEC-GLAS Grünenplan 2008 eine ausgeklügelte Komposition für Stützelemente bis zur Marktreife perfektioniert. Die Glasrohre verfügen aufgrund ihrer ringförmigen Geometrie über faszinierende statische Eigenschaften, insbesondere über eine überaus hohe Druckfestigkeit. Zusätzlich wird über das Prinzip der Vorspannung das Material selbst verfestigt, indem man es mittels eines innen liegenden Drahtseils permanent komprimiert. Eine spezielle Gelenktechnik an den beiden Rohrenden in Kombination mit dem vorgespannten Drahtseil ermöglicht es, Zugkräfte auf das Rohr zu übertragen. Seitlich auftretende Kräfte werden weitestgehend reduziert.

Im hier gezeigten Beispiel eines über zwei Geschosse verglasten Wohnraumes wird die Last des gesamten Daches und der Holzunterzüge ausschließlich durch gläserne Säulen (Rohre) getragen.

Maison aux colonnes de verre

De plus en plus, les architectes utilisent le verre comme élément porteur.

En 2008, les ingénieurs d'HI-TEC-GLAS Grünenplan ont conçu et mis au point, pour un marché plus large, une composition ingénieuse destinée aux éléments porteurs et faite à base de tubes en verre borosilicaté. Grâce à leur géométrie en forme d'anneau, les tubes en verre possèdent d'incroyables propriétés structurelles, notamment une force de compression exceptionnelle. Par ailleurs, le matériau est renforcé selon le principe de précontrainte, par lequel un câble de tension interne augmente en permanence la pression, rendant ainsi le verre plus dense et plus résistant. Ajoutée au câble de tension, une technique spéciale pour les joints à chaque extrémité du tube transmet au tube les forces de tension. Les forces latérales s'en trouvent énormément réduites.

Dans cet exemple de séjour vitré sur deux étages, la force du toit et des poutres en bois est uniquement supportée par des colonnes en verre (tubes).

The glass façade is hung from the roof.

Die Glasfassade ist vom Dach aus vorgehängt.

La façade vitrée pend du toit.

A single composite glass pipe of 9-mm-thick glass and an external diameter of 200 mm made of HI-TEC-GLAS can carry 33 tons of load.

Ein einzelnes Verbundglasrohr von HI-TEC-GLAS kann bei einem Außendurchmesser von 200 mm und einer Wandstärke von nur 9 mm rund 33 Tonnen Last auf-nehmen.

La façade vitrée pend du toit. Un tube en verre composite de 9 mm d'épaisseur et d'un diamè-tre externe de 200 mm, fabriqué par HI-TEC-GLAS, peut supporter jusqu'à 33 tonnes de charge.

Steven Holl

Nelson Atkins Museum

Steven Holl turned what was originally conceived of as simply the expansion of a museum into a complete work of art of architecture, sculpture and landscape. Five simple, milky-white cubical buildings are situated on a sloping lawn. A sculpture path runs along here. The new exhibition rooms are not directly in these buildings, but rather underground. However, they are accessible through these five pavilions with overhead light. In just a few places, the cubes are open to the outside world through clear panes of glass. The diffuse light that reaches the collection is created through a special layered façade. Between layers of insulating glass are fiberglass tiles and a capillary system of the finest acrylic pipes. The layering causes a favorable light distribution for art exhibits and excellent thermal insulation.

Nelson Atkins Museum

Was ursprünglich lediglich unter dem Vorzeichen einer Museumserweiterung in Angriff genommen worden war, setzte Steven Holl in ein Gesamtkunstwerk aus Architektur, Skulptur und Landschaft um. Fünf schlichte, milchig weiße Gebäudekuben lagern auf einer sanft abfallenden Rasenfläche. Hier verläuft ein Skulpturenweg. Die neuen Ausstellungsräume befinden sich nicht direkt in diesen Bauten, sondern unter der Erde. Sie werden aber über die fünf Pavillons mit Oberlicht erschlossen. Nur an wenigen Stellen sind die Glaskuben über Klarglasscheiben zur Außenwelt geöffnet. Das diffuse Licht, das in die Sammlung dringt, wird durch eine spezielle Schichtfassade erzeugt. Zwischen Isoliergläsern befinden sich Glasfaserfliese und Kapillarsysteme aus feinsten Acrylröhrchen. Die Schichtung bewirkt eine für Kunstausstellungen günstige Lichtstreuung und eine ausgezeichnete Wärmedämmung.

Musée Nelson Atkins

Steven Holl a converti ce qui était à l'origine pensé comme la simple extension d'un musée en un travail complet d'art architectural, sculptural et de paysage. Cinq bâtiments cubiques blanc laiteux se trouvent sur un gazon en pente. Un chemin de sculptures court au milieu. Les nouvelles salles d'exposition ne sont pas directement installées dans ces bâtiments, mais en sous-sol, leur accès se faisant par ces cinq pavillons avec un éclairage vertical. À quelques endroits seulement, les cubes s'ouvrent au monde extérieur au moyen de panneaux en verre. La lumière diffuse qui éclaire la collection est filtrée par une façade spéciale de plusieurs couches. Ces couches de verre isolant sont séparées par des tuiles en fibre de verre et un système de tubes capillaires en acrylique extra-fin. La stratification permet une distribution agréable de la lumière pour les expositions d'art, tout en offrant une excellente isolation thermique.

Junya Ishigami

Kanagawa Institute of Technology

This one-room structure, a studio for engineering and design students, is similar to a pavilion and with its ultra-thin floor slab and slender roof seems very light and reversible. Lightness is the catchword for the overall impression of this building. Actually, it consists of just a floor and a roof, and in-between a forest of 300 apparently matchstick-thin, slat-shaped supports. Everything is lacquered white and appears to dissolve into air. There does not appear to be an exterior wall – the four sides of the building are continuous and glazed in clear glass to their full height. Only upon closer inspection does one notice glass battens set at right angles to the façade and providing stability, though they do not have a load-bearing function. Because they have the same mass as the white steel slats, they are hardly noticeable.

Kanagawa Institute of Technology

Dieses Einraumgebäude, ein Studio für Ingenieur- und Designstudenten, hat etwas von einem Pavillon und wirkt mit seiner ultradünnen Bodenplatte und dem schmalen Dach sehr leicht und reversibel. Leichtigkeit ist das Stichwort für das gesamte Erscheinungsbild dieses Gebäudes. Eigentlich besteht es nur aus Fußboden und Dach, dazwischen ein Wald aus 300 streichholzdünn wirkenden, leistenförmigen Stützen. Alles ist weiß lackiert und scheint sich im Licht aufzulösen. Eine Außenwand gibt es anscheinend nicht – die vier Gebäudeseiten sind durchgängig und in ganzer Höhe transparent verglast. Erst bei genauerem Hinsehen bemerkt man Glasleisten (sogenannte Glasschwerter), die von innen rechtwinklig an die Fassade gesetzt sind und ihr Stabilität verleihen, ohne dabei eine lasttragende Funktion zu besitzen. Da sie die gleichen Maße wie die weißen Stahlleisten haben, nimmt man sie kaum wahr.

Institut technologique Kanawaga

Cette structure d'une seule pièce, un studio pour des étudiants en ingénierie et design, ressemble à un pavillon. Sa dalle ultrafine au sol et son toit mince le font paraître très léger et réversible. Légèreté est le maître mot pour l'impression globale que laisse ce bâtiment. Il est en fait composé uniquement d'un sol et d'un toit, que relie une forêt de 300 supports en forme de montants et d'aspect fin comme des allumettes. Tout est laqué en blanc et semble se fondre dans l'air. Le mur extérieur est invisible, les quatre côtés du bâtiment étant ininterrompus et vitrés en verre transparent sur toute la hauteur. Seule une observation détaillée permet de détecter un ensemble de baguettes en verre dans les angles droits de la façade pour apporter de la stabilité, sans fonction de soutènement. Leur masse étant la même que les montants en acier blanc, elles sont à peine visibles.

The old idea of the master cathedral builder to open walls with glass until they disappear is taken to the extreme here.

Das Ideal der Baumeister mittelalterlicher Kathedralen, Wände so weit zu öffnen, bis sie sich ganz auflösen, ist hier auf die Spitze getrieben.

Ici, l'idée des bâtisseurs de cathédrales d'ouvrir les murs à l'aide de verre au point de les faire disparaître est poussée à l'extrême.

Complete transparency and an only virtually existing wall is the result.

Totale Transparenz und eine nur noch virtuell vorhandene Wand sind das Ergebnis.

Le résultat est une transparence absolue et un seul mur existant en pratique.

The building receives light from above by way of the glass strips in the pavilion's roof.

Über verglaste Streifen im Dach erhält der Pavillon auch von oben Licht.

Le bâtiment reçoit la lumière d'en haut grâce aux bandes de verre dans le toit.

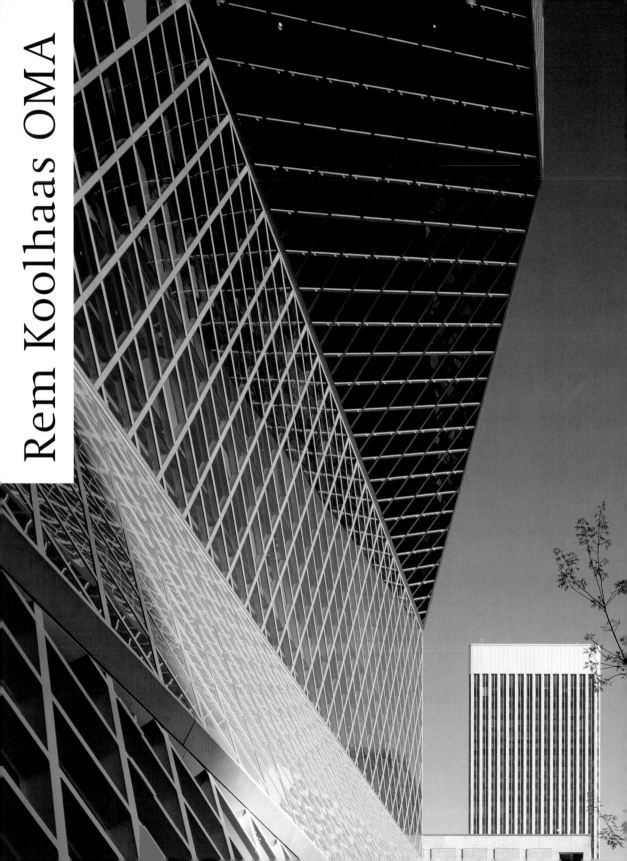

Rem Koolhaas OMA

Seattle Library

Panes of glass with expanded metal inserts, as also seen in David Chipperfield's Des Moines library, were developed by OKALUX in combination with aluminum nets. The insulating and light-filtering properties of these glass panes were first used successfully in Seattle. The building's prism-shaped contours and the façade's lattice-work, which also serves as a support structure, underline the crystalline character of glass as building material and enlarge it to monumental scale. The library consists of five main platforms that alternately jut forward and recede, giving the building an irregular contour. At the very top, the reading room with its four-meter-high ceilings juts out.

Bibliothek Seattle

Glassscheiben mit Streckmetall-einlage, wie sie auch David Chipperfields Bibliothek in Des Moines zeigt, wurden von OKA-LUX in Kombination mit Alumini-umnetzen entwickelt. In Seattle kamen die isolierenden und Licht filternden Eigenschaften dieser Gläser erstmals erfolgreich zum Einsatz. Die prismatischen Formen des Gebäudeumrisses und des Fassadengitters, welches gleichzeitig als Tragwerk dient, unterstreichen den kristallinen Charakter des Baumaterials Glas und vergrößern ihn ins Monumentale. Die Bibliothek besteht aus fünf Hauptebenen, die vor- und zurückspringen und so eine unregelmäßige Gebäudekontur ergeben. Ganz oben befindet sich der weit auskragende Leseraum mit seinen 4 m hohen Decken.

Bibliothèque de Seattle

Des panneaux en verre avec des incrustations en métal déployé, comme dans la bibliothèque de David Chipperfield à Des Moines, ont été conçus par OKALUX, en plus de filets en aluminium. À Seattle, les propriétés isolantes et de filtrage de la lumière de ces panneaux en verre ont pour la première fois été appliquées avec succès. Les contours en forme de prisme du bâtiment et le travail de treillis de la façade, qui fait aussi office de structure de soutènement, soulignent le caractère cristallin du verre comme matériau de construction et lui confèrent une échelle monumentale. La bibliothèque compte cinq plates-formes principales, avec une saillie tour à tour vers l'avant et en retrait, ce qui donne au bâtiment un contour irrégulier. Tout en haut, la salle de lecture au plafond de 4 m de haut dépasse.

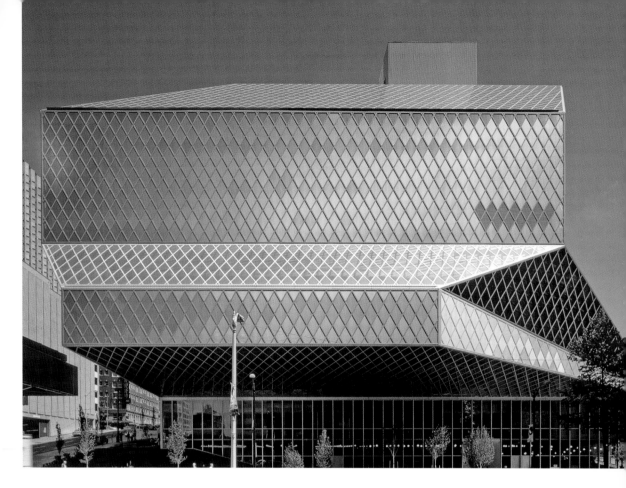

The covered passage in front of the library creates a fluid transition from the outside in.

Die überdachte Passage vor der Bibliothek schafft einen fließenden Übergang von außen nach innen.

Le passage couvert devant la bibliothèque crée une transition fluide de l'extérieur vers l'intérieur.

With its glass surface, the building fits in with the neighboring skyscrapers.

Mit seiner Glashaut passt das Gebäude zu den benachbarten Wolkenkratzern.

Avec sa surface en verre, le bâtiment est en harmonie avec les gratte-ciels environnants.

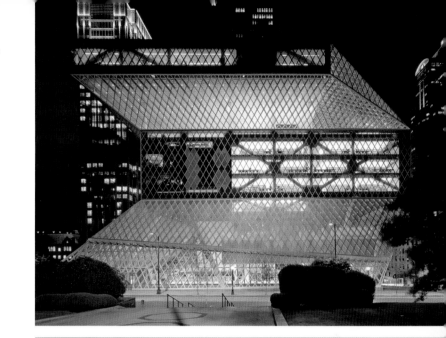

However, the bizarre, bulky form clearly sets it apart from the architectural surroundings.

Seine bizarre, sperrige Form hebt sich allerdings deutlich vom architektonischen Umfeld ab.

Sa forme étrange et volumineuse le distingue cependant des architectures alentours.

Kruunenberg Van der Erve

The Glass House

The Glass House, also called 'Laminata' is a single-family home of solid glass. Its walls consist of vertically aligned and laminate panes of float glass laminated. These layered glass walls range from 10 cm to 170 cm thick. In bulk, the glass shows a bright ice-green color. Seen from an angle, a wall is opaque. Looking directly from the front, one indistinctly recognizes the surroundings. There are narrow windows of clear glass on the building's exterior, whose shape fits the striped structure of the walls. Light reaches the interior primarily through a patio.

If one were to place all 13,000 individual panes used in the building together, the result would be a massive glass block 80 meters long on each side and weighing as much as 650 small cars. Architect Paul van der Erve developed the floor plan using a simulation of a compact cuboid, from which pieces are cut away as with a sculpture.

Het Glazen Huiz

Das gläserne Haus, auch „Laminata" genannt, ist ein Einfamilienhaus aus massivem Glas. Seine Wände bestehen aus vertikal angeordneten und flächig gegeneinander verleimten (laminierten) Floatglasplatten. Diese Schichtglaswände sind zwischen 10 cm und 170 cm dick. In seiner Masse zeigt das Glas eine leuchtend eisgrüne Farbigkeit. Trifft der Blick schräg auf eine Wand, ist sie undurchsichtig. Schaut man frontal darauf, kann man die Umgebung verschwommen erkennen. Deshalb gibt es zur Gebäudeaußenseite hin schmale Fenster aus Klarglas, die in ihrer Form zur Streifenstruktur der Wände passen. Licht erreicht die Innenräume hauptsächlich über einen Patio. Würde man die 13.000 einzelnen Scheiben, die verbaut wurden, zusammenfassen, ergäbe sich ein massiver Glasblock von 80 m Seitenlänge und einem Gewicht von 650 Kleinwagen. Architekt Paul van der Erve entwickelte das Raumkonzept über die Simulation eines kompakten Quaders, der wie eine Skulptur auseinandergeschnitten wurde.

La Maison en verre

La Maison en verre, également baptisée « Laminata », est une maison individuelle en verre résistant. Ses murs sont faits de panneaux stratifiés et alignés verticalement en verre flotté, avec une épaisseur entre 10 cm et 1,70 m. Dans la masse, le verre possède une couleur vert vif, et les murs semblent opaques s'ils sont vus en angle. De face en revanche, on distingue vaguement le paysage. Des fenêtres étroites en verre transparent se trouvent à l'extérieur, leur forme s'adaptant à la structure rubanée des murs. La lumière pénètre surtout à l'intérieur par une cour.

Si l'on assemblait les 13 000 panneaux individuels employés dans le bâtiment, le résultat serait un bloc massif en verre de 80 m de long de chaque côté et d'un poids équivalent à 650 petites voitures. L'architecte Paul van der Erve a élaboré le plan en simulant un cuboïde compact, dans lequel sont découpés des morceaux, comme dans une sculpture.

Dark red wood provides a beautiful contrast to the greenish glass.

Dunkelrotes Holz bildet einen reizvollen Kontrast zum grünlichen Glas.

Le bois rouge sombre offre un superbe contraste avec le verre dans les tons verts.

There are a large number of expansion joints in the exterior walls.

In den Außenwänden befinden sich unzählige Dehnungsfugen.

Les murs extérieurs comptent de nombreux joints de dilatation.

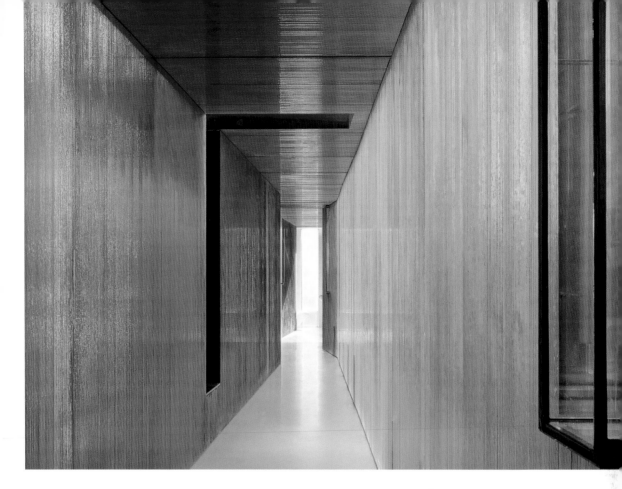

Long halls play a central role in the dramatic floor plan, as they emphasize the beauty of the glass walls.

Lange Flure spielen in der Dramaturgie der Raumaufteilung eine zentrale Rolle, denn sie betonen die Schönheit der Glaswände.

Les longs vestibules jouent un rôle déterminant dans le plan de niveau spectaculaire, car ils soulignent la beauté des murs en verre.

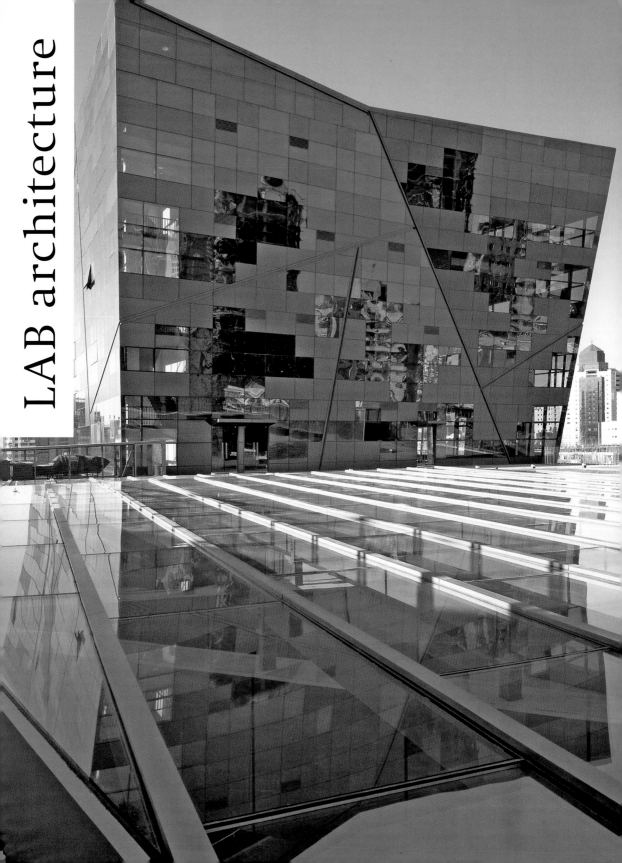

SOHO Beijing

LAB architecture is an international team with branches in Melbourne and London that won the competitive bidding process by the Peking group of companies, SOHO, for their offices in the central business district of the Chinese capital city. The SOHO building houses office space in only one of its flanking towers. In the other, there are apartments and studios. The connecting, drawn-out section of the building contains a shopping center. Here the façade is made of transparent panes of glass covered with a colorful pattern, which can be controlled and lit from within. The 32-story prism-shaped towers are covered in an irregular pattern of glass panes and aluminum panels.

SOHO Peking

LAB architekture ist ein in Melbourne und London niedergelassenes internationales Team, das den Ausschreibungswettbewerb der Pekinger Unternehmensgruppe SOHO für deren Repräsentanz im Central Business District der chinesischen Hauptstadt gewann. Das SOHO-Gebäude beherbergt nur in einem seiner beiden flankierenden Türme Büroeinheiten. In dem anderen Turm befinden sich Wohnungen und Studios. Der verbindende, lang gestreckte Gebäudeteil enthält eine Einkaufsgalerie. Hier besteht die Fassade aus transparenten und mit bunten Motiven bedruckten Gläsern, wobei letztere medial angesteuert und beleuchtet werden können. Die prismatisch geknickten, 32 Etagen umfassenden Turmhäuser sind in unregelmäßigem Muster mit Glas- und Aluminiumpaneelen verkleidet.

SOHO Pékin

LAB architecture est une équipe internationale avec des antennes à Melbourne et Londres, et qui a remporté l'appel d'offres ouvert par le groupe d'entreprises de Pékin, SOHO, pour leurs bureaux dans le quartier financier au centre de la capitale chinoise. Le bâtiment SOHO héberge un espace de bureaux dans l'une de deux tours qui l'encadrent. L'autre comprend des appartements et des studios. La longue section de connexion du bâtiment renferme un centre commercial, dont la façade est en panneaux de verre transparent recouverts d'un motif en couleur, qui peut être contrôlé et éclairé de l'intérieur. Les tours en forme de prisme de 32 étages sont recouvertes d'un motif irrégulier de panneaux de verre et d'aluminium.

There are also light elements in the creases of the façade that illuminate the contours of the iceberg-like structures in the dark.

In den Knickverläufen der Fassaden befinden sich Beleuchtungselemente, so dass sich bei Dunkelheit die Konturen der eisbergartigen Gebäudeblöcke abzeichnen.

Des éléments lumineux sont logés dans les plis de la façade pour éclairer la nuit les contours des structures en forme d'icebergs.

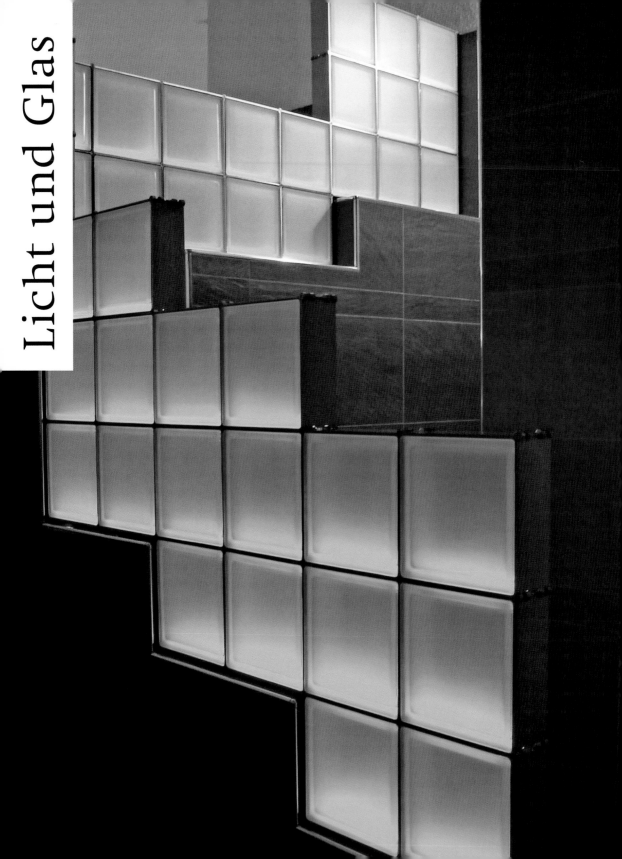

Licht und Glas

Modular Light Walls and Light Furniture

LICHT UND GLAS (Light and Glass) is an innovative building system of brightly lit glass blocks for interior architecture. It can be used in numerous ways: as a dividing wall, façade, illuminated floor or piece of furniture. Berlin architect and designer Daniel Brand developed Licht und Glas. Lighting integrated with the walls that allows for gradual changes in the color of the light is accomplished through the use of LED light bands in the joint gaps between glass blocks. The high structural stability of the system allows for large spans. At the same time, filigree stainless-steel elements and narrow joint gaps lend an elegant look. By securing the system with screws and not using grout, the system can be taken apart and rebuilt in another location without damage. The desired color play can be programmed into the element and individual glass blocks can be lit independently.

Modulare Leuchtwände und Leuchtmöbel

LICHT UND GLAS ist ein innovatives System zum Bau farbig beleuchteter Innenarchitektur aus Glasbausteinen. Es erlaubt unterschiedlichste Möglichkeiten der Anwendung, beispielsweise als Trennwand, Leuchtboden oder Möbel. Eine integrierte Beleuchtung der Wände mit stufenlosem Lichtfarbwechsel wird durch Verlegung von LED-Lichtbändern in den Fugenräumen der Glasbausteine erzielt. Die hohe statische Festigkeit des Systems ermöglicht große Spannweiten. Gleichzeitig verleihen filigrane Edelstahlverbindungselemente und schlanke Fugenquerschnitte dem System eine elegante Optik. Durch Schraubmontage und Verzicht auf Nassverfugung kann das System jederzeit unbeschadet zerlegt und an anderer Stelle wieder aufgebaut werden. Eine farbliche Dynamik der Elemente kann wunschgemäß programmiert werden und dabei einzelne Glasbausteine unabhängig voneinander beleuchtet werden.

Murs et meubles éclairés modulaires

LICHT UND GLAS (Lumière et Verre) est un système de construction innovant de blocs de verre éclairés pour l'architecture d'intérieur. Il permet une foule d'emplois : mur de division, façade, sol ou meuble éclairé. Daniel Brand, architecte et designer à Berlin, a mis au point Licht und Glas. L'éclairage intégré aux murs et permettant des changements progressifs de couleur de la lumière s'obtient avec des bandes de LED placées dans les espaces de joint entres les blocs de verre. La grande stabilité structurelle du système autorise de grandes étendues, alors que les éléments en acier inoxydable filigranés et les espaces de joint étroits confèrent un aspect élégant. En sécurisant le système avec des vis et sans recourir à un coulis, le système peut être démonté et rassemblé à un autre endroit sans le moindre dommage. Il est possible de programmer la couleur souhaitée dans l'élément et d'éclairer individuellement des blocs de verre.

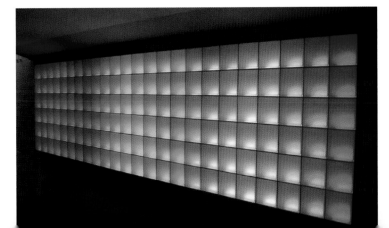

Waves of color run the entire
length of the wall.

Farbwellen laufen über die gesamte Länge der Wand.

Des vagues de couleur parcourent
toute la longueur du mur.

Freestanding elements have the
character of objects.

Freistehende Elemente haben
einen objekthaften Charakter.

Les éléments autonomes s'apparentent à des objets.

The wall with solid glass corners was stabilized with surrounding stainless steel.

Die Wand mit Ganzglasecken wurde durch umlaufende Edelstahlrahmen stabilisiert.

Le mur aux angles en verre résistant a été stabilisé avec une gaine en acier inoxydable.

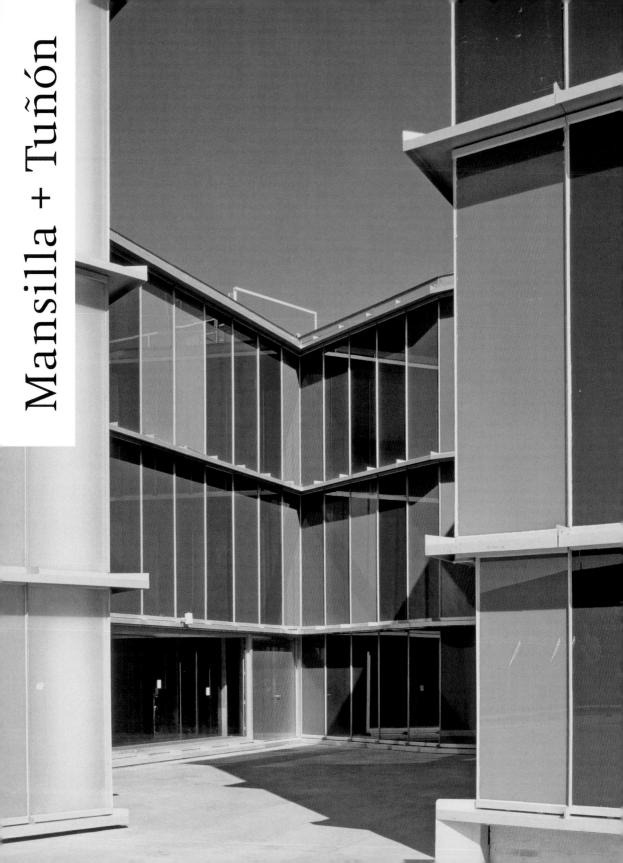

Mansilla + Tuñón

MUSAC Museo de Arte Contemporánea

The MUSAC is a guidepost for the use of glass elements in facade construction, which are for the purpose of cladding as opposed to windows. Walls and wall openings are indistinguishable from one another from the outside.
In León three different types of glass were used: colored transparent, colored opaque, as well as colorless opaque glass. These were combined with transparent or translucent foil and/or printed glass to give an even wider range of possible variations.
During the evaluation of the color concept the architects let themselves be inspired by monuments in the city of Léon, Roman mosaics and the colorful windows of the cathedral. The implementation was a modern artistic process. Some 3,000 hues were digitally identified from the cathedral windows and formed the basis for the façade layout of the MUSAC.

MUSAC Museo de Arte Contemporánea

Das MUSAC ist wegweisend für die Fassadengestaltung mit Glaselementen, die nicht als Fenster, sondern als Verkleidung Verwendung finden. Wand und Wanddurchbruch sind von der Außenseite her nicht mehr zu unterscheiden.
In León wurde mit drei unterschiedlichen Glastypen gearbeitet: farbige durchsichtige, bunte opake, sowie nichtfarbige opake Gläser. In der Kombination mit durchsichtigen oder transluzenten Folien oder bedrucktem Glas entstand eine noch größere Variationsbreite.
Bei der Entwicklung des Farbkonzeptes haben sich die Architekten von Monumenten der Stadt Léon anregen lassen – von römischen Mosaiken und den bunten Fenstern der Kathedrale. Die Umsetzung war ein moderner künstlerischer Prozess. Mehr als 3.000 Farbtöne wurden digital aus den Kathedralfenstern ermittelt und dienten als Grundlage des Fassadenrasters des Museums.

MUSAC Museo de Arte Contemporánea

Le MUSAC innove avec ses façades composées d'éléments en verre dont la fonction n'est pas de servir de fenêtres, mais bien de revêtement. De l'extérieur, il est impossible de distinguer les murs de leurs ouvertures.
Pour ce musée situé à León, on a travaillé avec trois types de verre : coloré transparent, coloré opaque et incolore opaque. La combinaison de plaques transparentes, translucides ou imprimées donne un éventail encore plus varié.
Pour mettre au point le concept des couleurs du bâtiment, les architectes se sont inspirés de monuments de la ville de León, notamment de mosaïques romaines et des vitraux multicolores de la cathédrale. Pour la mise en œuvre, ils ont fait appel à un processus artistique moderne. Quelque 3 000 couleurs provenant des vitraux de la cathédrale ont été numérisées et ont servi de base pour le quadrillage de la façade du MUSAC.

Meyer en Van Schooten

ING Main Branch

The new building was erected on one of the most unattractive and barren spots in Amsterdam. The idea was to protect users from the noise and exhaust from the freeway that runs directly beside the lot. The building on stilts impresses with its glass surface that dominates above the approximately 10-meter-high support area. The sidings were conceived of as a novel climate system and applied in two layers. All rooms have windows that can be opened to the inner layer of glass. For a further improvement to the inside air quality, large areas were planted, possible only because of the generous glass surfaces.
From a higher vantage point, the view from the building is not impaired by the urban wasteland of the neighborhood, but rather looks to the city center in the distance. In this way, a very bright, open and prestigious building could arise, that seemingly floats above things.

ING-Haus

Der Neubau wurde an einer der unattraktivsten und unwirtlichsten Stellen von Amsterdam errichtet. Es galt, die Nutzer vor dem Lärm und den Abgasen der Autobahn zu schützen, die direkt neben dem Grundstück verläuft. Auf 32 V-förmigen Stelzen stehend, beeindruckt das Gebäude durch seine Glasverkleidung, die oberhalb der rund 10 m hohen Stützenzone dominiert. Die Verkleidung wurde als neuartiges Klimasystem konzipiert und zweischalig angelegt. Zur innen liegenden Glasschicht hin können alle Räume über Fenster geöffnet werden. Für eine weitere Verbesserung der Raumluft wurden innerhalb des Gebäudes riesige Pflanzungen angelegt, was wiederum nur aufgrund der großzügigen Glasflächen möglich war.
Von erhöhter Warte aus wird der Blick aus dem Gebäude nicht von den Brachen der Nachbarschaft beeinträchtigt, sondern er richtet sich auf die Innenstadt oder in die Ferne. Auf diese Weise konnte hier ein sehr heller, offener und repräsentativer Bau entstehen, der sozusagen über den Dingen schwebt.

Siège social d'ING

Le nouveau bâtiment surgit de l'un des endroits stériles et des moins attrayants d'Amsterdam. L'idée était de protéger les habitants contre le bruit et les gaz d'échappement de l'autoroute qui passe juste à côté du terrain. Le bâtiment sur des échasses impressionne avec sa surface en verre qui se dresse au-dessus de la zone de soutènement d'environ 10 m de haut. Les parements ont été conçus comme un système climatique inédit et appliqués en deux couches. Toutes les pièces sont dotées de fenêtres qui s'ouvrent sur la couche intérieure du verre. Pour une qualité de l'air accrue à l'intérieur, de grandes zones ont été plantées, exclusivement grâce aux généreuses surfaces vitrées. Depuis une position avantageuse plus élevée, la vue du bâtiment n'est pas gênée par le terrain vague voisin et porte sur le centre-ville au loin. De cette façon, il était possible de construire un immeuble très lumineux, ouvert et de prestige, semblant flotter au-dessus des choses.

Not only the exterior walls but even the floors and intermittent ceilings are in part made from glass.

Nicht nur die Seitenwände – selbst Böden bzw. Zwischendecken wurden teilweise verglast.

Le verre intervient en partie dans la fabrication tant des murs extérieurs que des sols et des plafonds intermédiaires.

The building rises toward the city center.

Das Gebäude richtet sich zur Innenstadt hin auf.

Le bâtiment s'élève en direction du centre-ville.

The ING Group owns branches designed by Frank O. Gehry and Erick van Egeraat.

Die ING-Gruppe besitzt Filialen, die von Frank O. Gehry und Erick van Egeraat entworfen wurden.

Le groupe ING est propriétaire de filiales œuvres de Frank O. Gehry et Erick van Egeraat.

Cartier Foundation

In the 1990s, Jean Nouvel's Cartier Foundation in Paris with its freestanding glass wall was the source of a whole series of similarly-conceived glass façades worldwide. The glass wall is a structure independent of the body of the building, set back at such a distance that a favorable internal climate arises between façade and building. There is a balance between the accumulation of heat that results from the glass and the cooling that results from the increased circulation. As a rule, the distance between the actual façade and the glass wall is large enough that it can be set up and used as an accessible exterior. Nouvel also used as much glass as possible when constructing the actual exhibition building and emphasized its planar character in a radical way. The front and back glass façades extend well beyond the sides and roof edge. They are artistic for their own sake.

Fondation Cartier

Jean Nouvels Fondation Cartier in Paris mit ihrer freistehenden Glaswand war Mitte der 1990er-Jahre Ausgangspunkt für eine ganze Reihe ähnlich konzipierter Glasfassaden weltweit. Die gläserne Wand stellt eine vom Gebäudekörper unabhängige Konstruktion dar, die einen so großen Abstand hat, dass zwischen ihr und dem Bau ein eigenes günstiges Binnenklima entsteht. Dort herrscht ein Ausgleich zwischen der durch das Glas bewirkten Wärmespeicherung und der Abkühlung durch die Luftzirkulation. In der Regel ist der Abstand zwischen der eigentlichen Fassade und der Glaswand so groß, dass er als begehbarer Außenraum genutzt und entsprechend gestaltet werden kann. Auch beim Bau des eigentlichen Ausstellungsgebäudes verarbeitete Nouvel so viel Glas wie möglich und betonte auf radikale Weise dessen flächigen Charakter. Die vordere und hintere Glasfassade kragen an den Seiten und über die Dachkante weit vor. Sie sind gestalterischer Selbstzweck.

Fondation Cartier

Dans les années 90, la Fondation Cartier, créée à Paris par Jean Nouvel, et son mur de verre autoporteur ont été l'inspiration à travers le monde d'une série de façades en verre semblables. Le mur de verre est une structure indépendante du corps du bâtiment, en retrait d'une distance permettant un climat agréable entre la façade et la construction. L'équilibre se fait entre l'accumulation de chaleur du verre et le refroidissement généré par la circulation accrue. La distance entre la façade et le mur de verre est suffisante pour être accommodée et servir d'espace extérieur accessible. Nouvel a également eu recours à autant de verre que possible pour le bâtiment d'exposition et en a souligné radicalement le caractère plane. Les façades en verre à l'avant et à l'arrière s'étendent bien au-delà des côtés et du bord du toit ; elles sont à elles seules artistiques.

The preference for glass continues in the interior design.

Die Vorliebe für Glas setzt sich beim Interiordesign fort.

La préférence accordée au verre se poursuit dans le design intérieur.

One of the goals of the grounds of the Cartier Foundation was to retain and protect a 200-year-old tree – a historical natural monument.

Auf dem Grundstück der Fondation Cartier galt es, einen 200 Jahre alten Baum – ein historisches Naturdenkmal – zu erhalten und zu schützen.

Sur le terrain de la Fondation Cartier, l'un des objectifs était de conserver et de protéger un arbre vieux de deux siècles, monument naturel historique.

The cedar now finds itself, flanked by other trees, in the enclave designed as a garden behind the glass wall.

Die Zeder befindet sich nun, flankiert von weiteren Bäumen, in der als Garten gestalteten Enklave hinter der Glaswand.

Le cèdre se trouve désormais entouré de deux autres arbres dans l'enclave aménagée comme un jardin derrière le mur de verre.

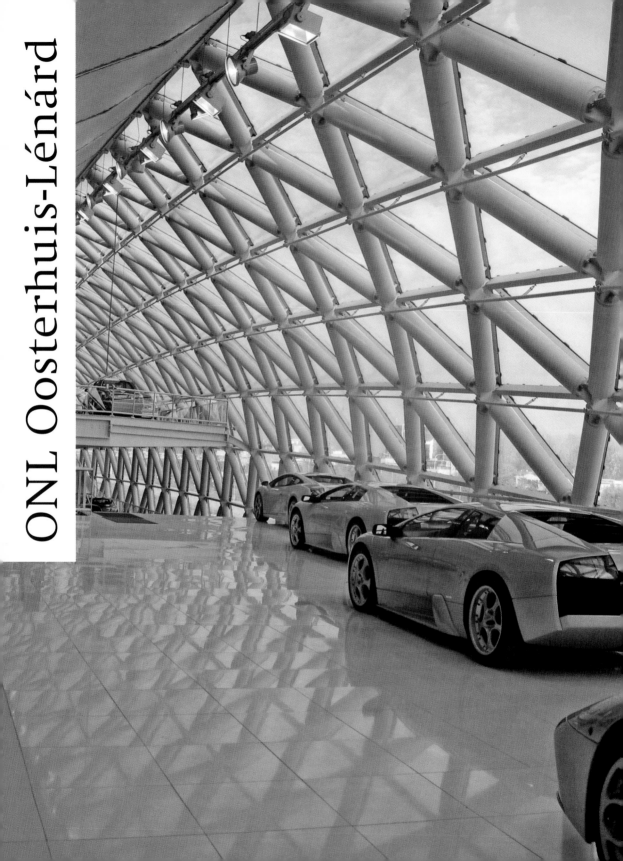

ONL Oosterhuis-Lénárd

'Cockpit'

Car fans driving on the freeway will regret not being able to stop to see this extraordinary car dealership. Directly on the A2 near Utrecht, a luxury car dealership got the perfect ambience for its presentation. This combination of sound barrier, car dealership and display cabinet is called 'Cockpit.' The dynamic, streamlined shape fits its function brilliantly. The stretched-out glass snake rises from the border along the side of the freeway. Every convex sheet of the glass tube was designed on a computer and the corresponding data sent directly to the glassmaker's machines via a file-to-factory system.

„Cockpit"

Automobilfans, die auf der Autobahn an diesem außerordentlichen Fahrzeugsalon vorbeifahren, werden es bedauern, nicht anhalten zu können. Direkt an der A2 bei Utrecht integrierten die Architekten in eine 1,5 km lange Lärmschutzwand ein gläsernes Autohaus für Luxuswagen. „Cockpit" nennt sich diese Kombination aus Schallschutzmauer, Autohaus und Vitrine. Die dynamische, stromlinienförmige Form passt hervorragend zur Thematik. Lang gestreckt entwickelt sich die gläserne Schlange aus der seitlichen Begrenzung der Schnellstraße. Jede Scheibe des gewölbten Glasschlauchs wurde am Computer berechnet und die entsprechenden Daten über ein File-to-Factory-System direkt in die Maschinen des Glasherstellers gespeist.

« Cockpit »

Les fans de voitures regretteront de ne pas pouvoir s'arrêter chez cet extraordinaire concessionnaire automobile, qu'ils verront depuis l'autoroute. Directement sur l'A2 près d'Utrecht, un luxueux concessionnaire automobile a trouvé le cadre parfait pour sa présentation. Cette combinaison d'un écran acoustique, d'un concessionnaire et d'une vitrine est appelée « Cockpit ». Sa forme aérodynamique répond parfaitement à sa fonction. Le serpent étiré en verre surgit du bord de l'autoroute. Chaque feuille convexe du tube de verre a été conçue par ordinateur et les données correspondantes ont été envoyées directement aux machines du verrier via un système fichier à usine.

The building's covering is in two layers, whereby the sheets of glass have sun protection and insulating functions and the spaces between the glass sheets are filled with argon gas for additional insulation.

Die Gebäudehülle ist zweischalig, wobei die Gläser mit Sonnenschutz- und wärmedämmenden Funktionen ausgestattet sind und der mit Argongas gefüllte Scheibenzwischenraum zusätzlich isolierend wirkt.

Le revêtement du bâtiment compte deux couches, les feuilles de verre incluant une protection solaire et des fonctions isolantes. Les espaces entre elles sont remplis d'argon pour une meilleure isolation.

Dominique Perrault

Ewha Women's University, Seoul

Dominique Perroult's new building complex on the grounds of the Korean Women's University takes on the most diverse functions as campus architecture. It is architecture of communal university daily life. For the numerous activities, Perrault built not just one building, but rather erected a complete landscape for experiences. Its center is a 200-meter-long 'valley', i.e., a gently-stepped sunken area in the park-like surroundings. To light the underground rooms, the sides of the valley were covered in glass along their whole length and height. In contrast to a more traditional chasm formed by a street, on which one moves toward an end, the gently-sloping depression seems more like a symbolic immersion in the interior of the university. The area between the two glass walls is wide enough to give it the feeling of a plaza, thus a campus.

Ewha Frauenuniversität Seoul

Dominique Perraults neue Gebäudeanlage auf dem Gelände der koreanischen Frauenuniversität übernimmt als Campusarchitektur verschiedenste Funktionen. Für die vielfältigen Aktivitäten hat Perrault nicht nur ein Gebäude gebaut, sondern eine ganze Erlebnislandschaft errichtet. Deren Zentrum ist ein 200 m langes „Tal" – ein sanft über Treppen abgesenkter Einschnitt in einer als Park angelegten Umgebung. Zur Belichtung der unterirdischen Räume wurden die Flanken des Tals über die gesamte Länge und Höhe verglast. Im Gegensatz zu einer herkömmlichen Straßenschlucht, bei der man sich auf ein Ende zu bewegt, bewirkt die sanft abfallende Senke eher ein symbolisches Eintauchen in das Innere der Universität. Der Bereich zwischen den beiden Glaswänden ist breit genug, um ihm die Anmutung eines Platzes, also eines Campus, zu verleihen.

Université pour femmes Ewha à Séoul

Le nouveau complexe de Dominique Perrault sur le terrain de l'université pour femmes de Corée présente les fonctions les plus variées d'architecture de campus, une architecture pour la vie quotidienne d'une université communautaire. Pour les nombreuses activités, Perrault n'a pas construit un bâtiment, mais tout un paysage pour diverses expériences. Au centre, une longue « noue » de 200 mètres de long correspond à une zone en contrebas légèrement en escalier, dans le parc autour. Pour éclairer les pièces en sous-sol, les côtés de la noue ont été vitrés sur toute leur longueur et hauteur. Comparée à une tranchée plus traditionnelle formée par une rue, dans laquelle on peut se déplacer d'un bout à l'autre, la pente légère illustre plutôt une immersion symbolique dans l'université. La zone séparant les deux murs de verre est suffisamment large pour créer l'impression d'une place publique, et donc d'un campus.

The protruding window frames are organized in a step-like fashion and pick up the course of the campus street.

Die vorstehenden Glasrahmen wurden treppenartig angeordnet und greifen damit den Verlauf des Campusweges auf.

Les encadrements de fenêtres en saillie sont agencés en escalier et suivent le tracé du chemin du campus.

The students meet here in libraries and coffee shops.

Die Studentinnen treffen sich hier in Cafés und Bibliotheken.

Les étudiantes se rencontrent ici dans les bibliothèques et les cafés.

Administration, shopping, movie and live theaters are also in the complex.

In dem Komplex befinden sich auch die Verwaltung, Einkaufsmöglichkeiten, Kino und Theater.

Le complexe inclut également des bâtiments administratifs, des magasins, des cinémas et des théâtres.

Renzo Piano

Maison Hermès Tokyo

Using the glass block which people in the 1960s often used to fill holes where windows were too expensive, Piano erected a palace for a luxury brand. While in the past the wide joint gaps in a glass block wall had to be accepted out of necessity, the architect turned the strong rectangular pattern into a virtue and placed it in the foreground. A uniform wall using this construction technique surrounds the entire high-rise building. It is likely the largest glass-block building worldwide. Only a house-high vertical recess in the middle of the façade breaks it up, so the entrance appears monumental. Glass blocks are poured with rounded corners. Piano takes up this form and gives the entire Hermès building softly-rounded outer corners. Smaller blocks were required to build the rounded corners – they fit perfectly in the basic grid because they are exactly one-quarter the size of the other blocks.

Maison Hermès Tokio

Aus Glasbausteinen, die man in den 1960er-Jahren oft zum Füllen von Gebäudelücken benutzte, wo Fenster zu teuer waren, errichtete Renzo Piano einen Palast für die Luxusmarke Hermès. Während man früher die breiten Fugen einer Glasbausteinwand notgedrungen in Kauf nahm, hat der Architekt hier das prägnante Quadratraster akzentuiert. Der gesamte hochhausartige Bau ist von einer ebenmäßigen Wand in dieser Bautechnik umgeben. Es ist wahrscheinlich das größte Gebäude aus Glasbausteinen weltweit. Lediglich ein haushoher vertikaler Rücksprung auf der Fassadenmitte teilt diese und monumentalisiert das Eingangsportal. Glasbausteine werden mit abgerundeten Ecken gegossen. Dies greift Piano auf und gibt dem gesamten Hermès-Gebäude weich gerundete Außenkanten. Zur Vermauerung der Rundung benötigte man kleinere Steine – sie fügen sich perfekt in das Grundraster ein, da sie exakt ein Viertel der Größe der anderen Steine haben.

Maison Hermès Tokyo

À l'aide de pavés de verre souvent utilisés dans les années 60 pour combler des ouvertures lorsque les fenêtres s'avéraient trop coûteuses, Piano a érigé un palace pour la marque de luxe. Dans le passé, il fallait accepter que les larges espaces de joint dans des murs en pavés de verre étaient inutiles. L'architecte a désormais converti la forme très rectangulaire en atout et l'a placée au premier plan. Un mur uniforme selon cette technique de construction entoure le bâtiment élevé. Il est probable que ce soit la construction en pavés de verre la plus grande au monde. Seul un renfoncement vertical de la hauteur d'une maison, au milieu de la façade, vient rompre l'ensemble, l'entrée paraissant alors gigantesque. Les pavés de verre ont des angles arrondis. Piano a repris cette forme et l'a appliquée au propre bâtiment Hermès pour que ses coins externes soient légèrement arrondis. Les pavés plus petits des parties arrondies s'intègrent parfaitement à la grille de base car ils font exactement un quart de la taille des plus grands.

Because glass-block walls are not load bearing, they were hung here in front of a frame construction and in view of earthquake protection developed as a movable system to compensate for vibration.

Da Glassteinwände nicht tragend sind, wurden sie hier vor einen Skelettbau gehängt und im Hinblick auf Erdbebensicherheit als bewegliches, schwingungsausgleichendes System entwickelt.

Comme les murs en pavés de verre ne sont pas porteurs, ils ont été suspendus ici devant une construction à pans de bois. Comme protection antisismique, ils ont été pensés comme un système mobile pour compenser les vibrations.

Christian de Portzamparc

Le Monde Building

The interior space of a former administrative building of Air France in Paris was opened up and given a spectacular facing for the new headquarters of the French daily Le Monde. The over-height glazed entrance takes up nearly the entire breadth of the main façade. The wide and open entrance foyer leads directly in the atrium, which provides the entire building with daylight through its glass walls.

The most important identifying feature of the building is a freely hanging double-glass wall sandblasted smooth and printed to look like a newspaper. It features the name of the newspaper, a quote from Victor Hugo and a picture of a dove with an olive branch, after a design by Le Monde caricature artist Jean Plantureux (called Plantu). The old building was cut dynamically on the diagonal at the top and laid out with a long side as the front.

Le Monde Gebäude

Für die neue Zentrale der französischen Tageszeitung Le Monde in Paris wurde ein ehemaliges Verwaltungsgebäude von Air France räumlich geöffnet und mit einer spektakulären Verkleidung versehen. Die Hauptfassade steht fast auf ganzer Breite dem extra hoch verglasten Eingang zur Verfügung. Vom weit und offen gehaltenen Eingangsfoyer aus gelangt man direkt in das Atrium, welches das gesamte Gebäude vertikal über seine Glaswände mit Tageslicht versorgt.

Wichtigstes Erkennungsmerkmal des Baus ist eine frei vorgehängte doppelte Glaswand, die matt sandgestrahlt und bedruckt ist, so dass sie wie eine Zeitungsseite aussieht. Sie trägt den Namenszug des Blattes, ein Zitat von Victor Hugo und das Bild einer Friedenstaube mit Zweig nach dem Entwurf des Le Monde-Karikaturisten Jean Plantureux (genannt Plantu). Der Altbau wurde oben dynamisch schräg beschnitten und insgesamt in die Breite angelegt.

Bâtiment Le Monde

L'espace intérieur d'un ancien immeuble administratif d'Air France à Paris a été libéré et doté d'un revêtement spectaculaire pour le nouveau siège du quotidien Le Monde. L'entrée vitrée d'une hauteur vertigineuse occupe presque toute la largeur de la façade principale. Depuis le vestibule large et dégagé, on accède directement au hall apportant à l'ensemble du bâtiment une lumière naturelle grâce à ses murs en verre.

La caractéristique clé du bâtiment est un mur en verre double et suspendu, légèrement sablé et imprimé pour ressembler à un journal. Il affiche le nom du quotidien, une citation de Victor Hugo et l'image d'une colombe avec une branche d'olivier, d'après un dessin de Jean Plantureux (surnommé Plantu), caricaturiste du journal. L'ancien bâtiment a été découpé de façon dynamique sur la diagonale en haut et conçu avec un long côté à l'avant.

A map of the world could also not be absent from the glass page of the paper.

Auch eine Weltkarte durfte auf der gläsernen Zeitungsseite nicht fehlen.

Un planisphère ne pouvait pas manquer dans la page en verre du journal.

The additions are asymmetrical and bent and have an irregular façade mosaic of glass and aluminum.

Die Anbauten sind asymmetrisch geschichtet und gefaltet. Sie tragen ein unregelmäßiges Fassadenmosaik aus Glas und Aluminium.

Les ajouts sont asymétriques et courbes, avec une façade irrégulière en mosaïque de verre et d'aluminium.

Elizabeth de Portzamparc designed the interior, including the
roof garden.

Das Interiordesign einschließlich eines Dachgartens entwarf
Elizabeth de Portzamparc.

Elizabeth de Portzamparc a conçu
l'intérieur, y compris le jardin
terrasse.

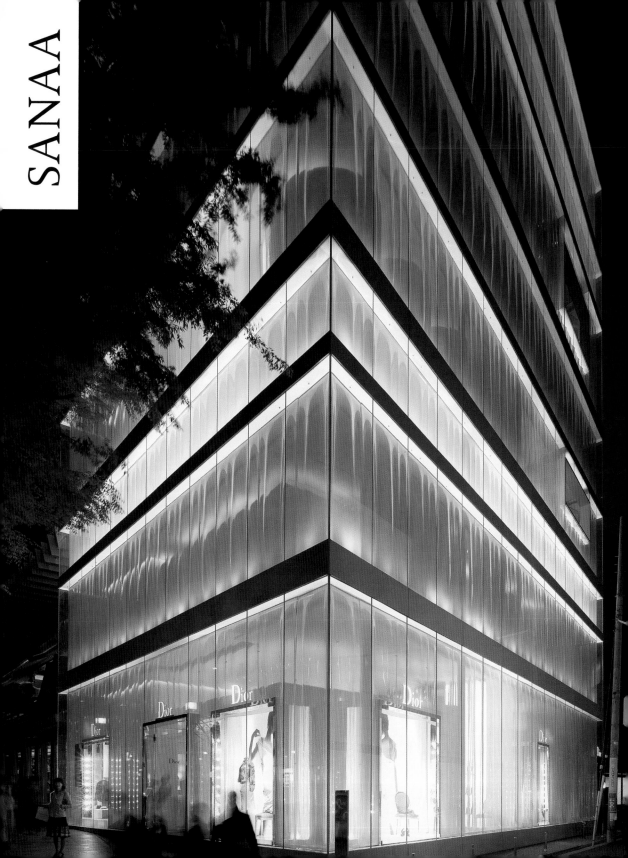

SANAA

Dior Tokyo

The flagship stores of the noble brands of the world, almost all designed by architectural stars, are gathered in the Ginza quarter of the Japanese capital. Glass architecture naturally plays a starring role here because many of the superstores are practically giant store windows. The Dior commercial building, designed by the young architect team SANAA, shows a façade of both glass and acrylic. Behind the transparent glass facing is a layer of wavy, whitish-colored acrylic sheets that appear as curtains. A vivid, lifelike impression arises through the use of indirect lighting. As a rule, the building appears with a simple, elegant surface of clearly delineated horizontal sections. On special occasions the building is covered with a third, reversible facing, covered with colorful images that give the whole the appearance of being a giant gift package.

Dior Tokio

Im Ginza-Viertel der japanischen Hauptstadt versammeln sich die Weltnobelmarken mit ihren fast ausschließlich von Stararchitekten entworfenen Flagshipstores. Glasarchitektur spielt hier naturgemäß die Hauptrolle, denn viele der Supershops verstehen sich als riesiges Schaufenster. Das von dem jungen Architektenteam SANAA erbaute Dior-Geschäftshaus zeigt eine Fassadenkombination aus Glas und Acryl. Hinter der transparenten Glasaußenhaut befindet sich eine Schicht aus gewellten, weißlich bedruckten Acrylplatten, die wie Vorhänge wirken. Durch indirekte Beleuchtung entsteht ein sehr plastischer, lebendiger Eindruck. In der Regel zeigt das Haus sich in diesem schlichten, eleganten Kleid mit einer klaren horizontalen Gliederung. Zu bestimmten Anlässen wird noch eine dritte reversible Verkleidung um das Haus gelegt, die, mit bunten Motiven bedruckt, dem Ganzen das Aussehen eines riesigen Geschenkpakets geben soll.

Dior Tokyo

Les magasins phares des grandes marques du monde, presque tous créés par des grandes pointures de l'architecture, sont regroupés dans le quartier de Ginza de la capitale japonaise. L'architecture en verre y joue naturellement un rôle clé, car les grands magasins sont bien souvent de gigantesques vitrines. Le bâtiment commercial de Dior, conçu par la jeune équipe d'architectes SANAA, affiche une façade en verre et acrylique. Derrière le revêtement en verre transparent se trouve une couche de feuilles d'acrylique ondulées et de couleur blanchâtre qui font penser à des rideaux. L'emploi d'un éclairage indirect donne l'impression d'une composition vivante. Normalement, le bâtiment se présente avec une surface simple et élégante aux sections horizontales bien marquées. À des occasions spéciales, il est recouvert d'un troisième revêtement réversible, rempli d'images colorées donnant à l'ensemble l'allure d'un grand paquet cadeau.

Among the narrow buildings
in the Ginza quarter, bulkiness
would be out of place.

Bei der Enge der Bebauung im
Ginza-Viertel wäre Massivität der
Architektur fehl am Platz.

Au milieu des immeubles étroits
du quartier de Ginza, les constructions volumineuses seraient
décalées.

As a light façade, the building's
facing is very flexible.

Als Lichtfassade ist die Gebäudehülle sehr variabel.

Grâce à sa façade légère, le revêtement du bâtiment est très flexible.

The interior design continues the
principle of transparent layers
and veils.

Die Gestaltung der Innenräume
setzt das Prinzip der transparenten Schichten und Schleier fort.

Le design intérieur poursuit le
principe de couches et de voiles
transparents.

Toledo Glass Museum

For the Toledo (Ohio, USA) Museum's important glass collection with its historic and modern works, SANAA designed a small new building integrated into the Museum Park. To achieve a harmonic integration in the green surrounding and as a reference to the display function of the architecture, the building itself is made of glass. The dominant design element is the curved panes of glass whose production at this size is extremely complex. 32,000 m² panes were poured in Austria using the float-glass technique, bent and finished in China and finally transported to Toledo. A single-story pavilion, glazed from floor to flat ceiling on all sides, arose on a square footprint. The spatial organization is that of an organic cell. Organically shaped individual rooms (each has a different shape) are collected inside the glass cell membrane, all likewise separated by glass membranes.

Glassammlung Museum Toledo

Für die bedeutende Glassammlung des Museum Toledo (Ohio, USA) mit ihren historischen und zeitgenössischen Werken entwarfen SANAA einen Neubau, der in den Museumspark integriert wurde. Um eine harmonische Einbettung in das begrünte Umfeld zu erzielen und als Verweis auf die Ausstellungsthematik besteht die Architektur aus Glas. Die herausragenden Gestaltungselemente sind dabei gebogene Glasscheiben, die in dieser Größe außerordentlich aufwändig herzustellen sind. 32.000 m² Scheiben wurden nach dem Floatglasverfahren in Österreich gegossen, anschließend in China gebogen und beschichtet, um letztendlich nach Toledo transportiert zu werden. Auf quadratischem Grundriss entstand ein eingeschossiger Pavillon, der rundum, vom Boden bis zum Flachdach, verglast ist. Die räumliche Anordnung ist die einer organischen Zelle: Innerhalb der gläsernen Zellmembran versammeln sich organisch geformte Einzelräume (jeder hat eine andere Form), die ebenfalls von Glasmembranen begrenzt sind.

Musée de verre de Toledo

Pour l'importante collection de verre du musée de Toledo (Ohio, États-Unis), qui compte des œuvres à la fois historiques et modernes, SANAA a conçu un petit bâtiment dans le parc du musée. Pour une intégration en harmonie dans l'environnement verdoyant et comme référence à la fonction de présentation de l'architecture, la construction est également en verre. Les éléments de design dominants sont des panneaux courbes en verre, dont la production a été extrêmement complexe en raison de leur taille de 32 000 m² : ils ont été coulés selon la technique de flottage, puis courbés et finis en Chine, avant d'être transportés jusqu'à Toledo. Un pavillon d'un étage, vitré du sol au plafond plat sur tous les côtés, émerge ainsi d'une base carrée. L'organisation spatiale est celle d'une cellule organique. Des salles de forme organique distincte sont regroupées à l'intérieur de la membrane en verre, toutes à leur tour entourées de membranes en verre.

Visitors walk through the irregularly shaped rooms as through a maze, confused by the unusual shapes of the rooms.

Durch die unregelmäßigen Zwischenräume spaziert man wie durch ein Labyrinth, verwirrt von den ungewohnten Raumgrenzen.

Le visiteur parcourt les salles irrégulières comme dans un labyrinthe, troublé par les formes inhabituelles des espaces.

Regular glass-blowing demonstrations take place within the pavilion.

Innerhalb des Pavillons finden regelmäßig Vorführungen zur Kunst der Glasbläserei statt.

Dans le pavillon ont régulièrement lieu des démonstrations de soufflage du verre.

The warmth generated is then integrated into the heating system in winter.

Die dabei entstehende Wärme wird im Winter in das Heizsystem integriert.

La chaleur générée est ensuite récupérée dans le système de chauffage en hiver.

hartwig n. schneider

Gallery and Art School

On the one hand, the building plan encompassed a collection of art schools and a municipal gallery and, on the other, the configuration of a public space that until now was only minimally enclosed through architecture, new plazas, paths and views. The two low, simple buildings on their irregularly rounded footprints stand near one another to create unity and a thoughtful setting. Furthermore, they break up the grounds between the bank of the Rems and Waibling city center. A unique façade construction produces the building's softly subdued translucence. Between two membranes of Profilglas with surfaces that are partially enameled and partially sandblasted, there is a sheet of fiberglass and a LED lighting system.

While the gallery is completely covered with this frosted translucent shell in accordance with its purpose as an exhibition space, and to achieve a special atmosphere, the façade of the art school has several clear-glazed windows that can be opened.

Galerie und Kunstschule

Das Bauvorhaben umfasste einerseits das Ensemble von Kunstschule und Städtischer Kunstgalerie und andererseits die Gestaltung eines bisher wenig erschlossenen öffentlichen Raumes durch Architektur, neue Plätze, Wege und Ausblicke. Die beiden niedrigen, schlichten Baukörper auf ihren unregelmäßig gerundeten Grundrissen stehen nah genug beieinander, um eine Einheit und eine beschauliche Platzanlage zu bilden. Sie lockern andererseits das Gelände zwischen Remsufer und Waiblinger Innenstadt auf. Ein einzigartiger Fassadenaufbau bewirkt die sanft gedämmte Lichtdurchlässigkeit der Gebäude. Zwischen zwei Profilglasmembranen mit teils emaillierter und teils sandgestrahlter Oberfläche befindet sich ein Glasfaserflies und ein Beleuchtungssystem aus LED-Elementen. Während die Galerie, ihrem Ausstellungszweck entsprechend und im Hinblick auf eine besondere Atmosphäre, vollständig von dieser mattdurchsichtigen Hülle umschlossen ist, hat die Fassade der Kunstschule einige klar verglaste Fensteröffnungen.

Galerie et école d'art

Le plan du bâtiment incluait une école d'art, une galerie municipale et d'autre part, la configuration d'un espace public, jusqu'alors à peine fermé, avec de nouvelles places, allées et vues. Les deux bâtiments bas sur des bases rondes irrégulières se dressent à proximité l'un de l'autre pour créer une unité et une composition réfléchie. Ils divisent par ailleurs le terrain entre la rive du Rems et le centre-ville de Waibling. Un design unique de la façade dote le bâtiment d'une translucidité légèrement voilée. Entre deux membranes de Profilglas (un polystyrène expansé déjà enduit), avec des surfaces en partie émaillées et en partie sablées, se trouvent une feuille en fibre de verre et un système d'éclairage à base de LED. Alors que la galerie est entièrement recouverte de cette enveloppe translucide dépolie en accord avec sa fonction de lieu d'exposition et pour créer une atmosphère particulière, la façade de l'école d'art compte plusieurs fenêtres articulées en verre transparent.

The futuristic art buildings separate themselves stylistically from the historical city center.

Stilistisch heben sich die futuristischen Kunstgebäude stark von der historischen Innenstadt ab.

Les bâtiments d'art futuristes se distinguent du centre-ville historique par leur style.

Their minimal height saves them from seeming intrusive.

Ihre geringe Höhe lässt sie dabei nicht aufdringlich wirken.

Leur hauteur minimale évite qu'ils soient trop imposants.

tecDESIGN

Inotera Corporate Building

The computer played kaleidoscope with this corporate headquarters' representation building. Here high-tech appeal and charisma meet a nod to nature and all three elements fulfill the wishes of the Asian client from the high-tech industry at Taipei. Sebastian Knorr of the tecDESIGN studio fed the computer views of bamboo structures, trees, blossoms, sky and water, as well as proportional schemes from the history of architecture. In part, these archetypal images are still visible in the façade and the glass surfaces almost seem to be hand-painted. From a distance, the color compositions appear abstract. Hundreds of different colors, all combined in a palette of shades, were applied to the glass elements of the façades and stairwells. They are more transparent in the office complex than the areas of the production halls.

Inotera Firmengebäude

Der Computer spielte Kaleidoskop bei diesem Repräsentationsbau einer Firmenzentrale. Technoide Ausstrahlung trifft dabei auf Naturverweise und beide Elemente kommen den Wünschen der asiatischen Auftraggeber der High-Tech-Branche in Taipeh entgegen. Sebastian Knorr von tecDESIGNstudio fütterte die Rechner mit Ansichten von Bambusstrukturen, Bäumen, Blüten, Himmel und Wasser sowie mit Proportionsschemata der Architekturgeschichte. Teilweise sind die Bildvorlagen auf der Fassade noch ablesbar und die Glasflächen wirken dort fast handbemalt. Auf größere Entfernung werden die Farbkompositionen nur in ihrer Abstraktion wahrgenommen. Hunderte verschiedener Farben, jeweils in einer tonalen Palette zusammengefasst, wurden auf die Glaselemente der Fassaden und Treppenhäuser gedruckt. Am Bürokomplex blieben sie stärker transparent als im Bereich der Produktionshallen.

Immeuble de bureaux d'Inotera

L'ordinateur a joué au kaléidoscope avec le bâtiment de représentation du siège social de l'entreprise. Ici, l'attrait et le rayonnement high-tech communiquent avec la nature, trois éléments qui répondent aux souhaits du client asiatique du secteur high-tech à Taipei. Sebastian Knorr du studio tecDESIGN a rempli l'ordinateur d'images de structures de bambous, d'arbres, de fleurs, de ciel et d'eau, ainsi que de plans proportionnés de l'histoire de l'architecture. Ces images archétypes restent en partie visibles sur la façade, et les surfaces en verre semblent presque peintes à la main. De loin, les compositions de couleurs paraissent abstraites. Des centaines de couleurs différentes, toutes déclinées dans une palette de teintes, ont été appliquées aux éléments en verre des façades et des escaliers. Elles sont plus transparentes dans le complexe de bureaux que dans les zones des salles de production.

The colorful mosaic of the façade is reminiscent of traditional Taiwanese glass ceramics.

Im bunten Mosaik des Fassadenkonzeptes steckt auch eine Bezugnahme auf traditionelle taiwanesische glasierte Keramik.

La mosaïque de couleurs de la façade rappelle les vitrocéramiques traditionnelles de Taiwan.

The staggered order of colored stripes is reminiscent one of the genetic code.

Die versetzt angeordneten Farbstreifen erinnern an genetische Muster.

La répartition en décalé des bandes de couleur fait penser à un code génétique.

The glass of the stairs' balustrades are tinted a bluish color.

Das Glas der Treppenbrüstungen wurde bläulich gefärbt.

Le verre des balustrades des escaliers est teinté dans une couleur bleuâtre.

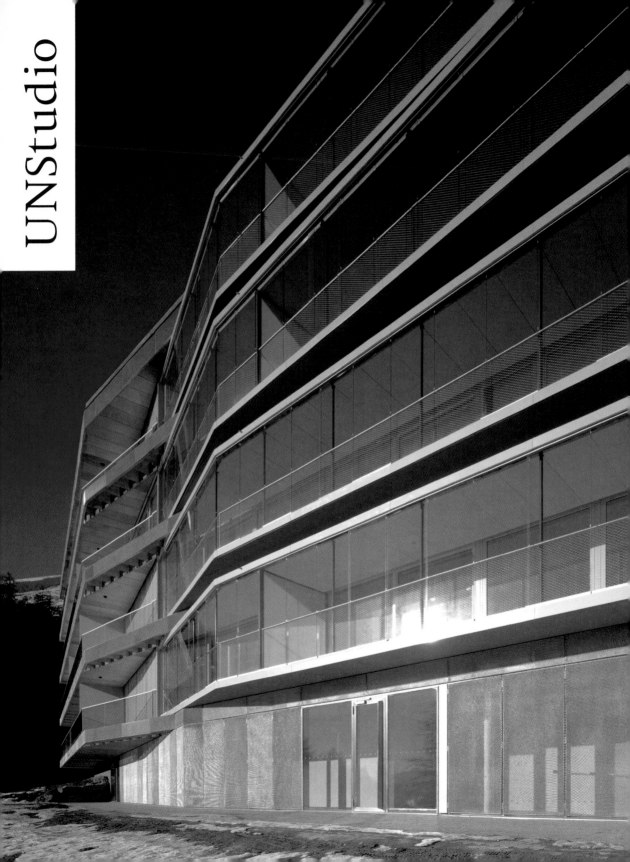

Hotel with Spa

UNStudio was involved in a defining way in the reconstruction and new building activities of the Hotel Castell in Swiss Engadin. They designed the spa's glass and light design, gave the balcony façade in the new building its crystalline face and designed about half the rooms' appointments. The four-story room addition runs crossways at an obtuse angle to the existing building. Its glass balconies were slightly offset in these angles. They project an elegant sparseness. The sensual experience in the spa room is in complete contrast. Here, round shapes dominate. Milky-colored and colorfully-lit glass cylinders separate the different stations of the spa's turns. The indirect light feels as if lit from within. Enameled glass was also the material of choice in the UNStudio-designed hotel bathrooms.

Hotel mit Spa

UNStudio war maßgeblich an den Um- und Neubaumaßnahmen von Hotel Castell im schweizerischen Engadin beteiligt. Sie entwarfen das Glas-Licht-Design des Spa, verliehen der Balkonfassade des Neubaus ihr kristallines Gesicht und entwarfen etwa die Hälfte der neuen Zimmereinrichtungen. Die breit gelagerten vier Etagenschichten des Zimmeranbaus verlaufen in einem stumpfen Winkel. Ihre Glasloggien wurden etwas versetzt in diesen Winkel hinein geschoben. Sie strahlen eine elegante Kargheit aus. Ganz im Gegensatz dazu steht das sinnliche Raumerlebnis des Hamam. Hier herrschen runde Formen vor. Milchig gefärbte und farbig belichtete Glaszylinder gliedern die verschiedenen Stationen der Badanwendungen. Das indirekte Licht lässt sie wie von selbst leuchten. Auch in den von UNStudio gestalteten Hotelzimmern war emailliertes Glas das Material der Wahl für die Badgestaltung.

Hôtel avec spa

UNStudio s'est grandement impliqué dans les opérations de reconstruction et de construction de l'hôtel Castell dans la région suisse d'Engadin. Le studio a réalisé le design en verre éclairé du spa, doté la façade avec balcons du nouveau bâtiment d'une allure cristalline et conçu environ la moitié des chambres.
L'adjonction sur quatre étages s'étend en travers, formant un angle obtus avec le bâtiment existant. Ses balcons en verre ont été légèrement décalés dans cet angle et projettent une clarté élégante. L'expérience sensuelle dans la salle de spa crée un contraste radical, avec des formes courbes dominantes. Des cylindres en verre éclairés et aux couleurs laiteuses séparent les différents points du circuit spa. La lumière indirecte semble provenir de l'intérieur. Du verre émaillé a également été retenu comme matériau dans les salles de bains conçues par UNStudio.

The wellness landscape was built in the old hotel building's basement that retained its solid stone walls.

Die Wellnesslandschaft wurde im Souterrain des Hotelaltbaus eingerichtet, dessen massive Steinwände erhalten blieben.

L'environnement de bien-être a été installé au sous-sol de l'ancien bâtiment de l'hôtel qui conserve ses solides murs en pierre.

The Turkish bath was combined with elements of colored light therapy.

Das türkische Bad wurde mit Elementen der Farblichttherapie kombiniert.

Le bain turc a été réalisé en combinant des éléments de la luminothérapie.

Glass walls are ideal for a hotel bathroom since they provide the small rooms with daylight.

Glaswände sind für ein Hotelzimmer-Bad ideal, da sie den kleinen Raum mit Tageslicht versorgen.

Les murs en verre sont parfaits pour une salle de bains d'hôtel, car ils laissent pénétrer la lumière naturelle dans les petites pièces.

Tokujin Yoshioka

Waterfall Bar

The Waterfall Bar in Tokyo, in whose rooms not a drop of water flows, originally belonged to a gallery. Yoshioka later recreated its primary piece of furniture, the waterfall bench, in a smaller format for sale on the open market. Tokujin Yoshioka placed his interior, cut from solid blocks of optical glass, in the room Tadao Ando designed. This type of industrial glass is produced for use in large telescopes. Only appropriate lighting brings the characteristics of this massive material, so similar to water and optically frozen here, to the forefront. The light patterns projected through the glass benches and tables onto the floor are reminiscent of bodies of water in sunshine.

Waterfall Bar

Die Waterfall Bar in Tokio, in deren Räumen kein Tröpfchen Wasser fließt, gehörte ursprünglich zu einer Galerie. Ihr zentrales Möbel, die Wasserfallbank, produzierte Yoshioka später in kleiner Auflage für den freien Verkauf. In den von Architekt Tadao Ando gestalteten Raum setzte Tokujin Yoshioka sein aus massiven Blöcken optischen Glases geschnittenes Interieur. Diese Art Industrieglas wird für eine Verwendung in Großteleskopen hergestellt. Erst eine entsprechende Beleuchtung lässt die Strukturen des massiven Materials hervortreten, die Wasser so sehr ähneln und die hier optisch eingefroren sind. Die Lichtmuster, die durch die Glasbänke und Tische auf den Boden projiziert werden, erinnern an ein Gewässer im Sonnenschein.

Waterfall Bar

Le Waterfall Bar à Tokyo, dans les espaces duquel ne coule pas une goutte d'eau, appartenait à l'origine à une galerie. Yoshioka a par la suite recréé le premier meuble qui s'y trouvait, le banc en forme de chute d'eau, dans un format réduit pour le commercialiser. Tokujin Yoshioka a installé son intérieur, découpé dans des blocs résistants en verre optique, dans l'espace conçu par Tadao Ando. Ce type de verre industriel est fabriqué pour les gros télescopes. Seul un éclairage approprié met en évidence les caractéristiques de ce matériau massif, si semblables à de l'eau et visuellement figées ici. Les motifs que la lumière projette sur le sol à travers les bancs et les tables en verre évoquent des plans d'eau au soleil.

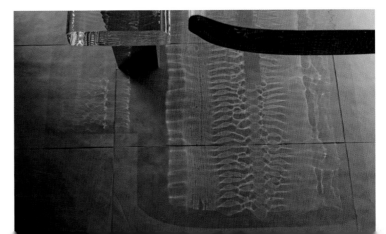

Waterfall or ice – both associations are justified.

Wasserfall oder Eis – beide Assoziationen sind gerechtfertigt.

Chute d'eau ou glace : les deux interprétations se justifient.

The bar's walls and floor also show the shades of gray and blue associated with glass.

Wand und Boden der Bar zeigen ebenfalls die Grau- und Blautöne, die man mit dem Material Glas in Verbindung bringt.

Les murs et le sol du bar révèlent aussi les teintes gris et bleu associées au verre.

Tokujin Yoshioka frequently works with transparent materials in his designs. He created a store for Swarovski Crystal jewelry.

In seinen Designs arbeitet Tokujin Yoshioka häufig mit transparenten Materialien. Für Swarovski entwarf er einen Shop.

Pour ses créations, Tokujin Yoshioka travaille régulièrement avec des matériaux transparents. Il est l'auteur d'un magasin pour le joaillier Swarovski Crystal.

Index | Verzeichnis

Directory

AEP Architektengruppe
Eggert + Partner
Stuttgart, Germany
www.aep-p.de
Photos: AEP, Eggert, Tümmers

Allmann Sattler Wappner
Munich, Germany
www.allmannsattlerwappner.de
Photos: Christian Richters

Alsop
London, United Kingdom
www.alsoparchitects.com
Photos: Christian Richters (Colorium,
Palestra)

Paul Andreu architecte
Paris, France
www.paul-andreu.com
Photos: Christian Richters

Wiel Arets
Amsterdam, The Netherlands
www.wielaretsarchitects.nl
Photos: Christian Richters

Arup
London, United Kingdom
www.arup.com
Photos: Christian Richters

Cecil Balmond
c/o Ove Arup and Partners, London,
United Kingdom
www.arup.com
Photos: Christian Richters

Barkow Leibinger
Berlin, Germany
www.barkowleibinger.com
Photos: Christian Richters

Behnisch & Partner
c/o Harder III Stumpfl Freie Architekten
c/o Behnisch Architekten
www.harderstupfl.de
www.behnisch.com
Photos: Harder III Stumpfl
Freie Architekten

b&k+ brandlhuber&co
c/o b&k+ arno brandlhuber, Berlin
www.brandlhuber.com
Photos: Michael Reisch

Brückner & Brückner Architekten
Tirschenreuth, Germany
www.architektenbrueckner.de
Photos: Peter Manev

David Chipperfield
London, United Kingdom
www.davidchipperfield.co.uk
Photos: Christian Richters

Coop Himmelb(l)au
Vienna, Austria
www.coop-himmelblau.at
Photos: Christian Richters

de architectengroep
Amsterdam, The Netherlands
www.architectengroep.nl
Photos: Christian Richters

Diener + Diener
Basel, Switzerland
www.dienerdiener.ch
Photos: Christian Richters

driendl*architects
Vienna, Austria
www.driendl.at
Photos: James Morris, Bruno Klomfar
(Solar Tube), Lew Rodin (Citygate)

EEA Erick van Egeraat
Rotterdam, The Netherlands
www.eea-architects.com
Photos: Christian Richters (Inholland,
City Hall, ABC Faculty Building)

ES Projects
London, United Kingdom
www.esgroup.uk.com
Photos: ES Group Ltd.

FOA ForeignOfficeArchitects
London, United Kingdom
www.f-o-a.net
Photos: Lube Saveski, Hélène Binet

Garbe+Garbe
Ebersberg, Germany
www.garbegarbe.de.
Photos: Fa. Gartner

gmp von Gerkan, Marg + Partner
Hamburg, Germany
www.gmp-architekten.de
Photos: Christian Richters

Herzog & de Meuron
Basel, Switzerland
Photos: Christian Richters

HI-TEC-GLAS Grünenplan
Delligsen, Germany
www.hitecglas.de
Photos: HI-TEC-GLAS Grünenplan

Steven Holl
New York (NY), USA
www.stevenholl.com
Photos: OKALUX GmbH

Junya Ishigami
http://jnyi.jp
Photos: Christian Richters

Rem Koolhaas OMA
Rotterdam, The Netherlands
www.oma.nl
Photos: Christian Richters

Kruunenberg Van der Erve
Amsterdam, The Netherlands
www.2xU.nl
Photos: Christian Richters

LAB Architecture Studio
London, United Kingdom
www.labarchitecture.com
Photos: © SOHO China,
Minoru Iwasaki/Yanqi Ren

LICHT UND GLAS
Berlin, Germany
www.leuchtwand.de
Photos: Daniel Brand

Mansilla + Tuñón Arquitectos
Madrid, Spain
www.mansilla-tunon.com
Photos: Luis Asín

Meyer en Van Schooten
Amsterdam, The Netherlands
www.meyer-vanschooten.nl
Photos: Christian Richters

Ateliers Jean Nouvel
Paris, France
www.jeannouvel.com
Photos: Christian Richters

ONL Oosterhuis + Lénárd
Rotterdam, The Netherlands
www.oosterhuis.nl
Photos: ONL Oosterhuis + Lénárd

Dominique Perrault
Paris, France
www.perraultarchitecte.com
Photos: Christian Richters

Renzo Piano
Genova, Italy
www.rpbw.com
Photos: © Hermès GmbH Ginza Tokyo

Christian de Portzamparc
Paris, France
www.chdeportzamparc.com
Photos: Christian Richters

SANAA
Tokyo, Japan
www.sanaa.co.jp
Photos: Christian Richters (Dior Tokyo,
Toledo Glass Museum)

hartwig n. schneider
Stuttgart, Germany
www.hartwigschneider.de
Photos: Christian Richters

tecDESIGN
Los Angeles (CA), USA
www.tecarchitecture.com
Photos: Hisao Suzuki

UNStudio
Amsterdam, The Netherlands
www.unstudio.com
Photos: Christian Richters

Tokujin Yoshioka Design
Tokyo, Japan
www.tokujin.com
Photos: Nacasa & Partners Inc.

© 2009 Tandem Verlag GmbH
h.f.ullmann is an imprint of
Tandem Verlag GmbH

Research, Text and Editorial:
Barbara Linz
Layout:
Ilona Buchholz, Köln
Produced by:
ditter.projektagentur gmbh
www.ditter.net
Design concept:
Klett Fischer
architecture + design publishing

Project coordination
for h.f.ullmann:
Dania D'Eramo

Translation into English:
Sharon Rodgers for Equipo de
Edición S.L., Barcelona
Translation into French:
Valérie Lavoyer for Equipo de
Edición S.L., Barcelona

Printed in China

ISBN: 978-3-8331-5169-9

10 9 8 7 6 5 4 3 2 1
X IX VIII VII VI V IV III II I

www.ullmann-publishing.com